조안호연산으로 시작하는

초등 연산
만점공부법

중학수학 만점·고등수학 1등급이 시작된다

조안호연산으로 시작하는

초등 연산 만점 공부법
(중학수학 만점 · 고등수학 1등급이 시작된다)

[만점 공부법®] 시리즈 NO.33

지은이 | 조안호
발행인 | 김경아

2020년 9월 28일 1판 1쇄 발행
2021년 8월 8일 1판 2쇄 발행
2022년 5월 18일 1판 3쇄 발행
2024년 11월 13일 1판 4쇄 발행(총 6,000부 발행)

이 책을 만든 사람들
책임 기획 | 김경아
북 디자인 | 김효정
교정 교열 | 주경숙
경영 지원 | 홍종남

종이 및 인쇄 제작 파트너
JPC 정동수 대표, 천일문화사 유재상 실장

펴낸곳 | 행복한나무
출판등록 | 2007년 3월 7일, 제 2007-5호
주소 | 경기도 남양주시 도농로 34, 301동 301호(다산동, 플루리움)
전화 | 02) 322-3856 팩스 | 02) 322-3857
홈페이지 | www.ihappytree.com | bit.ly/happytree2007
도서 문의(출판사 e-mail) | e21chope@daum.net

※ 이 책을 읽다가 궁금한 점이 있을 때는 출판사 e-mail을 이용해 주세요.

ⓒ 조안호, 2020
ISBN 979-11-88758-26-5
"행복한나무" 도서번호 : 127

조안호연산으로 시작하는

초등 연산
만점공부법

중학수학 만점·고등수학 1등급이 시작된다

| 조안호 지음 |

초 · 중등 9년은 모두 고1 수학을 위한 준비다

수학을 공부하는 목적은 한마디로 '수학적 사고력 증진'이다. 그런데 필자는 오해의 소지가 높아서 사고력이라는 말을 잘 사용하지 않는다. 사고력이라는 말이 단계가 없어서 마치 그냥 아이에게 문제를 던져주고 생각하라고 윽박지르기만 해도 길러질 것 같다는 생각이 들기 때문이다. 실제로 많은 학부모나 선생님들이 아이에게 문제를 주면서 생각해보라 한다. 그러면 아이도 '생각하는 중'이라고 한다. 생각하는 중이라고 말하면 엄마나 선생님이나 모두 기다려주는 것을 알기에 그렇게 말하는 것이다. 기다리다가 지쳐서 중간에 '생각 좀 해봤어?'라고 물어볼라 치면, '생각하는 중이라니까요.'라며 화를 내기까지 한다. 그러나 실제로는 아이의 속마음을 물어보았을 때, 멍 때렸다거나 엄마가 밥하러 가야 할 시간이 될 때까지 시간을 흘려보내고 있을 뿐이었다고 말한다. 아이가 이렇게 무의미한 공부를 하는 것에 화가 날 수도 있겠지만, 아이의 입장에서 생각의 도구나 방법을 배운 적이 없기 때문이다. 많은 아이들이 생각의 도구라 할 수 있는 연산도 부족하고 개념은 배운 적이 없으며 이런 도구를 사용하는 방법도 배운 적이 없다. 물론 인간은 일정시간 동안 아무 생각도 안 하는 것은 불가능하다. 그렇다고 아무 생각이나 하는 것은 잡념이고, 우리가 얻으려는 것은 사고력 중에서도 정확하게 말해서 '수학적 사고력'이다. 어떤 공부도 목표를 벗어나면 잘못된 공부이다. 앞으로 사고력에 대해서 자세히 설명하겠지만, 연산이나 개념은 사고력을 위한 도구이며 이것들 자체를 사고력이나 수학이라고 착각하지 않기 바란다. 이 책이 비록 수학의 연산에 관한 책이지만 연산 자체가 사고력을 길러주는 것이 아니기 때문에, 독자는 '생각하는 것만이 수학이다.'라는 말을 기억하면서 이 책을 읽어주기 바란다.

"우리 아이가 수학을 어려워하고 싫어해요. 어떻게 하면 될까요?"

"어떤 학원을 보내야 하나요? 어떤 학습지나 문제집을 풀게 해야 할까요?"

그동안 많이 받기도 했고, 그만큼 답하기 난감하기도 했던 질문들이다. 수학은 어렵다가 쉬워지는 경우는 거의 없다. 매정하게 들리겠지만 아이가 현재 수학을 어려워한다면 수학의 포기 수순을 밟고 있는 중이라고 봐야 한다. 이런 상황이라면 아이는 최소 2년 분량이 부족하다고 말할 수 있을 정도로 다급하다. 반드시 이 부족 부분을 메꿔야 앞으로 나갈 수 있는데, 그것을 알아도 사실 그 수단이 마땅치 않다. 게다가 이미 초등 5~6학년의 고학년에 접어든 아이라면 부족 부분을 차곡차곡 쌓아 메꾸기에는 시간이 부족하다. 그나마 아이가 초등학생일 때는 연산이 부족한지 어떤지 알 수라도 있지, 중학생만 돼도 부모가 아이의 상태를 모르는 채 엉뚱한 공부에 시달리게 하다가 수학을 포기하는 대열에 합류시키게 된다.

과외나 학원, 학습지를 믿는 부모들이 대부분인 것이 현실이다. 하나하나 찬찬히 보자. 일반적으로 과외나 학원은 예습을 하는 곳이라 부족 부분을 다루기 어렵다. 학습지는 부족한 아이가 아니라 꾸준히 하는 아이를 위한 것이라 오래 걸리며, 학습지 교사의 역량에 의존해야 한다. 시중에 문제집이 골고루 많이 나와 있으니 도움이 될 것 같지만, 그 때문에 오히려 정확히 부족한 부분을 찾아 채우기가 어렵다. 그동안 필요한 부분만 발췌해서 공부시키라는 조언을 거듭했었으나 그 역시 만만치 않은 일이라 그대로 시행하는 학부모는 거의 없는 듯하다.

초등수학은 중·고등학교에서 필요로 하는 많은 개념을 담고 있으며, 수학의 가장 기초적인 수를 배우는 과정이다. 따라서 초등수학을 못하는데 중·고등학교 수학을 잘하는 경우는 없다. 초등 고학년이라면 중학생이 되기까지의 짧은 시간 내에 반드시 부족 부분을 채워야 하며, 그동안 실패해 왔던 방식과는 다른 공부법이 필요하다. 지금까지처럼 각 학년에 맞춰 수학의 여러 가지 영역을 다 하기에는 시간이 부족하기 때문이다. 초등수학 교과서는 이미 각 학년별로 계통을 만들어 올라가고 있다. 이 계통에 맞추되 연산 영역과 연산의 확장 영역, 그리고 도형 영역으로 구분하여 해결해야 시간도 단축할 수 있으며, 채워야 할 부족 부분이 구체적으로 눈에 들어온다. 아이들은 저마다 부족 부분이 다르지만, 부족 부분 이후로는 거의 실력이 나아지지 않는다는 공통점을 가지고 있다.

먼저 테스트를 통해 부족 부분을 파악한 후 최대한 빠른 시간 내에 영역별로 보완해야 한다. 보통 3년 정도 걸릴 분량이라도 이 책의 지침대로 따라하며 필요한 부분만 발췌해 공부하면 2년 정도 안에 가능할 것이다. 그러나 많이 부족한 채로 아이가 이미 5~6학년 또는 중학생인 상태라면 기존 공부 방식이나 발췌 정도의 방법으로는 해결되지 않는다. 이런 아이들은 곧장 4부에서 말하는 방법을 따라가라고 권하고 싶다.

중3까지 최소 수학(상), (하)를 끝내라

고등학교 수학의 분량은 거의 살인적인 수준이다. 필자가 『중학생을 위한 대나무학습 만점 공부법』에서 설명했지만, 수학시간과 영어를 제외한 다른 과목의 공부시간을 단순 비교해 보면 고등학교 전체 공부시간의 80%를 수학에 투입해야 한다. 문·이과가 통합되었지만 마찬가지다. 전체적인 난이도는 낮아지지만, 이공계로 진학하는 학생이라면 대학이 심화과정이나 논술 등을 별도로 요구할 가능성이 높다. 수능이 절대평가화 된다고 해도 내신의 양 자체가 많아질 테니 결국 공부할 양이 늘면 늘지 줄지는 않을 것이다.

5년 전까지만 해도 필자는 중학교 때까지는 제 과정의 수학을 충실히 하다가, 고등학교에 올라가서 수학에 올인하는 방법으로 학생들을 지도해왔다. 아쉽게도 이 방법은 이제 한계에 접어들었다. 현재 중·고 등학생의 학부모라면 잘 알겠지만 다른 여러 과목의 수행평가를 따라가기만도 바빠서 수학에 올인하는 게 불가능하다. 따라서 중3 때까지는 적어도 고등학교 1학년에서 배우는 수학(상), (하)를 끝내는 것이 좋다. 수학 공부할 시간이 부족하다고 내신으로 전체 학생의 80%를 뽑는 상황에서 고1 때부터 다른 과목의 내신을 버리라고 할 수는 없지 않은가?

수학(상)을 중학과정으로 내리면 수포자의 20, 30%를 줄일 수 있다

고등학교까지의 수학은 크게 수학(상)까지의 공부와 그 이후라는 두 부분으로 나눌 수 있다. 초등학교 6년과 중학교 3년, 9년 동안 공부한 것을 확장한 것이 수학(상)이다. 초등학교와 중학교 수학 공부의 목표가 수학(상)이라는 의미다. 고등수학의 대부분은 수학(상)을 바탕으로 수열, 지수로그, 극한, 미적분 등을 배우게 된다. 앞에서 현재 중·고등학교의 현실적인 내신체제를 생각한다면 고1 과정인 수학(상), (하)를 중3까지 끝내라고 말했었는데, 내친 김에 개인적인 생각을 한마디 덧붙이자면 아예 수학(상)을 중학교 교과과정으로 내렸으면 싶다. 수학(상)을 중학과정으로 내리면 몇 가지 장점이 있다.

첫째, 가르친 사람과 평가하는 사람이 같게 된다.

중학수학을 잘 가르쳤는지에 대한 결과는 고등학교 수학(상)에서 나타나는데, 가르친 사람과 평가하는 사람이 다른 상황이다. 가르치는 사람이 그 결과를 평가받지 않는다면 부실해질 위험이 있다. 현재로서는 중학교 선생님은 중학교 내용만 가르치고, 고등과정은 고등학교 선생님에게 넘기니 그 결과에 대해 알지도 책임지지도 않는다. 만약 중학과정에 수학(상)이 포함된다면 가르친 사람이 평가할 수 있으니 피드백도 되고, 또 가르치는 자신 역시 평가받을 수 있다.

둘째, 개념으로 가르치면 중학교 때부터 생각하는 훈련을 하게 된다.

수학문제를 해결하기 위한 '기술'을 가르치면 실제로 아이가 하는 것은 계산밖에 없다. 계산은 생각이 아니며, 실제로 중학수학의 절반은 대입하여 방정식을 풀기만 하면 된다. 방정식은 계산이라서 중학생은 아무 생각 없이 3년을 보내게 된다. 그 상태로 고등학교에 갔는데 갑자기 깊이 생각하라고 하니 대책이 없어 포기하게 되는 것이다. 쉬울 때는 유형으로 공부하든 개념으로 공부하든 별 차이가 없다. 개념으로 공부하는 이유는 어려워졌을 때를 대비하는 것이다. 수학(상)이 중학수학으로 내려오면 어려워지고, 어려워지면 학교 선생님이든 학원 선생님이든 기술이 아니라 점차 개념으로 가르치게 될 것이다. 개념으로 가르친다고 무조건 잘하는 것은 아니지만 적어도 생각을 시작할 수는 있다.

셋째, 급격한 난이도 편차를 줄일 수 있다.

고등수학과 중학수학을 난이도로 비교해 보면 3~7배 어렵다. 거꾸로 보면 현재 중학수학이 그만큼 쉽다는 말도 된다. 쉬우니 기술로 가르치고 여러 문제집을 풀리는 비효율적인 공부방법이 통한다. 수학(상)을 중학교로 내리면 일시적으로 중학교 난이도가 올라간 것처럼 보이겠지만 전체적으로는 난이도가 서서히 올라가는 효과를 가져올 것이다. 고등학교 수포자의 대부분이 수학(상)을 거치면서 생기며, 그 이후로는 많이 늘지 않는다는 특징이 있다. 물론 수포자가 중학교에서 더 많이 생기겠지만, 대신 고등학교 수포자는 훨씬 줄게 되어 현재보다는 적어도 수포자의 20~30%를 줄일 수 있을 것으로 보인다.

넷째, 고등수학의 살인적인 공부 분량을 줄일 수 있다.

상위권에 도달하려면 고2에서 수학을 끝내야 하며, 분량으로 보면

6권 정도가 된다. 한 권 한 권에 투자해야 할 공부시간은 가히 살인적이라 할 만하다. 수행평가를 지금처럼 각 과목마다 모두 시킨다면 수학 한 과목만이라도 줄여야 아이들이 버틸 수 있을 것이다.

당연한 말이지만 수학에서 가장 중요한 것은 사고력이다. 문제는 사고력이 하늘에서 뚝 떨어지는 것이 아니라 하나하나 만들어가야 한다는 점이다. 필자는 사고력을 만드는 데 필수적인 것이 연산과 개념이라 생각한다.

마지막으로 바쁘다는 핑계로 오랫동안 집필을 미루어 속이 새카맣게 탔을 행복한나무 출판사의 김경아 대표께 미안함과 감사함을 전한다.

조안호

차례

| 프롤로그 | 초·중등 9년은 모두 고1 수학을 위한 준비다   004

1부. 고등수학 1등급의 숨겨진 힘, 연산

1. 부산에 가려고 하였으나 평양에 도착하다?   020
2. 수학 교과서의 이상이 내 아이의 현실은 아니다   035
3. 연산이라는 땅이 있어야 개념이 꽃을 피운다   042
4. 설마? 수능 1등급은 중1에서 거의 결정된다   049

2부. 상위 1% 프로젝트, 초등생의 연산

1. 수 세기_ 수 세기를 잘할지는 몰라도 알지는 못한다   062
   수 세기를 가르치는 방법   062
   초등 1~2학년 '앞의 수'와 '뒤의 수'의 구분 외   063
   초등 3~4학년 범위의 자연수 세기 외   066
   초등 5~6학년 뛰어 세기 외   069

중학교 1~2학년 항의 개수 외 070

고등학교 2학년 등차수열의 항의 개수와 일반항 072

| 조 선생과 Talk Talk | 유한과 무한이 뭔지 아니? 074

2. 암산력_ 덧셈과 뺄셈을 무시하면 고등수학까지 위태롭다 078

10의 보수 080

시중 학습지 활용하기 082

암산력 학습지 직접 만들기 083

큰 수의 연산, 많이 할수록 독! 085

빠르기, 40초면 통과! 087

| 조 선생과 Talk Talk | 쉽게 암산하는 방법을 알려줄까? 살짝 바꾸면 돼! 089

| 수학 워크시트 | 덧·뺄셈 빠르기 연습하기 093

3. 구구단_ 거꾸로 구구단을 계속 외워라 095

빠르기, 36초면 통과! 왜 36초지? 096

곱셈과 곱하기 097

으잉? ×0? 098

| 조 선생과 Talk Talk | 같은 수? 여러 번 더해? 그럼 무조건 곱하기! 100

| 수학 워크시트 | 거꾸로 구구단 외우기 104

4. 곱셈_ 학교교육의 최대 약점은 빠르기다　　　106

　대충 하면 고등수학을 흔드는 빠르기　　　106

　학교수학은 가르치는 것과 평가가 왜 다를까?　　　109

　학년마다 달라지는 빠르기 연습방법　　　111

　곱셈 빠르기를 끝내기 위한 처방　　　112

　덧셈과 곱셈의 혼동 잡기　　　116

　| 조 선생과 Talk Talk | **앞으로 쭉 써 먹을 같은 수의 곱을 외워보자**　　　118

　| 수학 워크시트 | **곱셈 빠르기 연습하기**　　　122

5. 몫창과 약수 찾기_ 수감각을 위한 필수조건이다　　　124

　수감각을 위한 수분해 – 몫창　　　125

　배수와 약수 찾기를 3~4학년에서 하면 어떨까?　　　127

　약수는 몫창이다　　　128

　| 조 선생과 Talk Talk | **등식도 성질이 있대. 근데 등식이 뭐냐고?**　　　130

　| 수학 워크시트 | **몫창에 자주 쓰는 숫자 연습하기**　　　134

6. 나눗셈_ 세 자릿수 나누기 한 자릿수까지 확실하게 하라　　　135

　나누기의 두 가지 의미, 등분과 포함　　　137

　학년마다 달라지는 나눗셈　　　140

　나누어떨어지는 것과 떨어지지 않는 것의 검산식　　　141

　빠르기, 최장 1분 30초면 통과!　　　142

　나눗셈 빠르기를 끝내기 위한 처방　　　143

　| 조 선생과 Talk Talk | **나누어떨어지게 하려면 어떻게 할까?**　　　144

　| 수학 워크시트 | **나눗셈 빠르기 연습하기**　　　148

7. 수분해_ 큰 수는 연산이 아니라 수분해다   151

수감각을 위한 수분해   152

수감각이 왜 초등 교과서에 없을까?   154

① 소수   155

② 제곱수   158

③ 배수   162

④ 배수 판별법   165

⑤ 짝수와 홀수   168

| 조 선생과 Talk Talk | **0은 있다가 없는 거? 0으로 사기 치기**   171

| 수학 워크시트 | **수분해 빠르기 연습하기**   175

8. 분수_ 대충 하면 수포자를 예약한 것과 같다   178

4학년, 계산보다 중요한 분수의 의미 찾기   179

분수의 기준? 단위분수!   181

분수의 '위대한' 성질 – 배분, 약분, 통분   183

시중 학습지 활용하기   185

빠르기, 직관적으로 나오면 통과!   186

지겨워도 식은 다 써야 한다고? 누가 그래?   188

분수의 연산과 7개의 소수   189

| 조 선생과 Talk Talk | **7개만 알면 소수랑 분수가 네 맘대로 바뀌지**   191

| 수학 워크시트 | **책상에 딱 붙여 놓고 분수 연산 매일 풀기**   195

3부. 만점으로 가는 베이스캠프, 중학생의 연산

1. 정수_ 의미를 알아야 끝난다   200

   정수의 의미   202

   부호의 의미   203

   정수의 덧셈과 뺄셈을 의미 있게 읽기   204

   왜 (음수)×(음수)=(양수)인가?   207

   분수에서는 분자로 올라가는 −(마이너스)   208

   | 조 선생과 Talk Talk | **정수셈을 처음 만나면 다 헷갈려 한단다**   210

   | 수학 워크시트 | **책상에 딱 붙여 놓고 정수셈의 의미를 살려 매일 읽기**   213

2. 일차방정식_ 방정식도 웬만한 것은 암산하라   216

   방정식의 의미   216

   등식은 딱 3종류!   218

   초등학생이 등식의 성질로 방정식 풀기   219

   비례식을 방정식으로 만들기   222

   | 조 선생과 Talk Talk | **양변을 0으로 나누면 안 된다니까?**   226

   | 수학 워크시트 | **책상에 딱 붙여 놓고 일차방정식 매일 암산하기**   230

3. 인수분해_ 고등수학의 빠르기가 여기서 끝난다   233

   인수분해의 첫 번째 키는 '공통인수 찾기'   235

   인수분해는 어디까지 해야 하나?   236

   고등수학을 위한 인수분해   238

   | 조 선생과 Talk Talk | **합 또는 곱이 0이 되는 경우를 찾아봐**   240

   | 수학 워크시트 | **책상에 딱 붙여 놓고 인수분해 매일 말로 풀기**   244

4부. 5학년 이상이라면 필요한 '조안호연산'

1. 세상은 디지털 시대, 그것도 모르고 25년을 싸웠다   248

    수학의 길은 하나다   250

    선생님은 지식만을 전달하는 사람이 아니다   252

    25년의 숙원을 풀다   254

2. 4학년이 넘었다면 기존 방식으로는 연산을 잡을 수 없다   256

3. '조안호연산' 프로그램의 구성   259

    단계와 내용   262

    조안호연산 체험하기   269

4. '조안호연산' 프로그램의 효과   272

    ① 짧은 시간 안에 몸을 변화시키기   272

    ② 연산이 된다면 연산을 무시하라   275

    ③ 중등에서 조안호연산   277

    ④ 생각과 개념 학습의 디딤돌   278

    ⑤ 자신감과 주위 반응   279

| 에필로그 | 수학성공의 길을 선택하라   281

| 부록 | 잘 배우면 수능까지 책임질 초·중학교 연산 로드맵!   286

고등수학
1등급의
숨겨진 힘,
연산

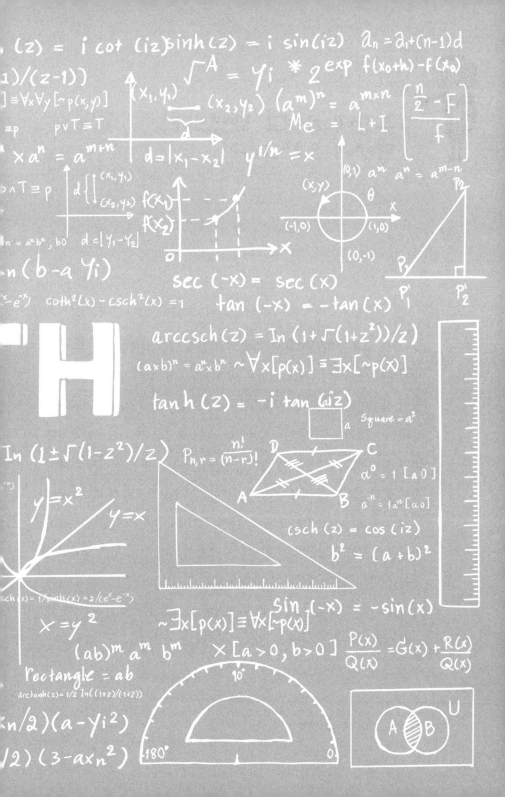

1. 부산에 가려고 하였으나 평양에 도착하다?

　　주로 교과서 때문이지만, 수학의 지침을 많은 사람들이 잘못 알고 있기 때문에 노력을 해도 수학은 어렵게만 느껴지는 과목이다. 그 지침이 북쪽인데 북북서를 가리키는 것 정도로 조금 틀린 것이 아니라, 남쪽인데 북쪽을 가리키는 형국이다. 현실적으로 볼 때, 수학문제를 많이 풀리게만 하면 아이의 생각, 즉 사고력이 점차 커질 것으로 예상하고 돈과 시간과 노력을 엄청 투자한다. 그러나 통계로 볼 때 전 국민의 80%가 수학을 포기하고 있다. 나머지 20%도 수학을 잘한다는 것이 아니라 포기하지 않았다는 것이다. 수포자의 가장 큰 특징은 생각하지 않는 것이다. 보다 정확하게 말하면 많은 공을 들여서 생각하지 않는 아이를 키운 것이다. 세세한 것을 생각하기 전에 우선 대표적인 한 가지만 생각해보자.

풀었던 유형의 문제를 다시 푸는 것이 사고력일까? 아니면 문제해결력일까?

대부분의 초·중등 학생들이 같은 유형의 문제집을 푼다. 풀었던 문제를 다시 푸는 것이 잘못되었다는 것이 아니라, 기술이나 유형으로 접근하였다면 이것은 생각한 것이 아니다. 기억력이 사고력일 수는 없다. 아무 문제도 풀지 않은 것보다는 유형문제라도 풀었으니 머리를 썼다고 우긴다면 머리를 쓴 것이 맞다. 그러나 그 정도의 노력으로 고등수학을 이겨낼 만큼 사고력을 키웠다고 하기에는 한참 부족하다. 반복해서 푼다면 풀었던 문제를 맞을 수는 있겠지만, 고등수학을 대비한 문제풀이는 아니라는 말이다.

수학을 공부하는 방법도 수학의 목표나 목적으로부터 멀어지면 안 된다. 대부분 학부모나 학생이 생각하는 수학공부의 목표는 수학자가 되려는 것이 아니라, 대학을 들어갈 때 가장 변별력을 많이 갖는 과목이기 때문이다. 그래서 초등학교와 중학교의 최종 목표는 고등수학이다. 필자도 이것을 부인하거나 바꾸라고 하고 싶지는 않으며, 제 학년 공부를 목표로 하는 단기적 시야의 학부모가 있다면 보다 장기적으로 고등학교에서 수학을 잘하는 것을 목표로 두라고 권한다. 또한 수학이라는 과목을 공부시키는 목적은 '수학적 사고력 증진'에 있다. 목표와 목적을 혼합해보면 초등학교부터 이것저것 배우겠지만, 점차 사고력을 증진시켜서 고등학교 수학을 잘하게 하는 것으로 요약할 수 있다.

수학의 공부방법도 목표와 목적에 부합되어야 하는데 목적인 '수학적 사고력'이라는 말이 모호해서 이해하기 쉽도록 정의되어야 공부의 방법도 이해가 될 것이다.

필자가 말하는 '수학적 사고력 증진'이란 '수학의 개념을 가지고 논리를 전개하여 문제해결력을 기르는 것'이다.

위 정의를 잘 읽어보면 수학의 공부방법이 다 들어있다. 원래 정의대로 하는 것이 수학의 공부방법이기도 하다. 그런데 이것이 시중의 공부방법과 워낙 달라서 이해를 한다 해도 반신반의 할 것이라서, 보다 자세히 부연 설명하고자 한다.

첫째, 연산과 개념을 가지고 문제를 풀어야 한다.

'개념을 가지고 수학문제를 풀어야 한다는 것'은 문제를 풀기 전에 이미 개념을 갖추고 있어야 한다는 말이다. 수학을 올바르게 바라보는 것을 막는 첫 번째 관문이자 어쩌면 가장 중요하면서도 이 책에서 가장 받아들이기 어려운 말일 수 있다. 최선을 다해서 이 부분의 이해를 돕도록 하고자 한다. 아마 정도의 차이는 있지만 연산을 기르고 문제를 푼다는 것에 의의를 제기할 사람은 없을 것이다. 연산 능력이 문제풀이에서 반드시 필요한 것처럼 개념을 튼튼하게 하는 것 역시 문제를 풀 때 반드시 필요하다. 그래서 문제풀이 이전에 필요한 개념을 길러주어야 한다. 이것을 수학자들은 한 마디로 '수학은 연역적인 학문이다'라고 말한다. 그런데 대부분의 학부모나 교육 종사자들이 문제를 풀다보면 개념이 잡힐 것이라는 생각으로 귀납적으로 가르치고 있다. 이렇게 수학을 가르치는 사람으로 인해 배우는 학생들이 수포자가 되는 피해를 안고 있다는 것을 알아야 한다. 학부모들이 자주 혼동하지만 수학자와 수학교육자는 다르다. 이 책이 개념에 관한 책이 아니지만 중요한 것이라서 그냥 넘어갈 수 없어 분량의 부담은 있지만 개념의 한 사례를 들어보겠다.

다음은 초·중등학교에서 배워서 이미 머릿속에 '수직선의 개념'을 장착했어야 할 어느 고등학생과의 대화이다.

조선생   수직선이 뭔지 알아?

고등학생   수직선은 '수직으로 만나는 선'이 아닌가요?

조선생   아니, 수직으로 만나는 선은 수선이야.

고등학생   머릿속에는 이미지가 그려지는데, 말로 하기는 어렵네요.

조선생   위치만 존재하는 점이 이어져서 선이 되었다는 것은 아니?

고등학생   그건 알아요.

조선생   그럼 직선이 무엇으로 구성되어있어?

고등학생   점이요.

조선생   그래, 수직선은 직선에 있는 점을 모두 '수'로 보겠다는 거야. 그러니 수직선이란 수직~선이 아니라 수~직선이라는 거지.

점 하나, 수직선 하나를 설명하는데 각각 족히 한 시간씩은 설명해야 한다. 그런데 지금까지 수직선을 물어봐서 제대로 말하는 중고생을 본 적이 없다. 고등학생이면 수직선을 초등 1학년부터 9년 이상을 보았으니 안다고 생각하지만 실제로는 모르고 있다. 수직선이 무엇인지 모르는 것은 어려워서가 아니라, 교과서도 선생님들도 가르치지 않아서이다. 수직선을 하나 모르는 것이 대수롭지 않게 생각할지도 모르지만, 개념으로 수학문제를 푼다고 생각한다면 큰일날 소리이다. 수직선이 무엇인지도 모르는데, 모든 실수는 수직선에 있다는 것과 이들 수의 범위를 부등식으로 나타낼 수 있다는 것을 어찌 알까? 게다가 더 나아가 실수의 특징, 연속, 무한의 비교 등 상위 개념들도 피상적으로만 알게 될 것이다. 학생이 연속과 극한을 모르는데 미적분을 이해하라하니, 그냥 계속 외우고 잊어버리는 문제풀이 기술에만 의존하게 되는 이유다. 다음은 학창시절 어느 학교에서나 있었을 만한 대화이다.

열등생   너는 시험 볼 때, 어떻게 그런 생각이 났어?

우등생   너는 왜 그런 생각이 안 들어?

열등생이 시험을 보고 난 후 선생님의 풀이과정을 보니, 수직선을 그려가며 문제를 풀었고 이해가 충분히 가는 문제였다. 수직선을 모르는 것도 아니고 시험을 보면서 수직선을 그릴 수만 있었다면 그 문제를 맞을 수도 있었지만 그때 생각이 나지 않아서 문제를 틀렸다고 생각한 것이다. 그래서 쪽팔림을 무릅쓰고 어렵게 우등생에게 물어보았던 것이다. 그런데 우등생의 입장에서 '수'가 허공 속에 굴러다니는 것이 아니고, '수의 범위'를 물어보는데 어찌 수직선이 생각이 안나냐고 되묻는 것이다. 아이들은 수학을 잘한다는 것은 개념을 튼튼히 하는 것과 비례한다는 것을 반드시 기억해야 한다.

둘째, 연산은 목적이 아니라 수학을 잘하기 위한 도구다.

필자가 연산과 개념을 중요하게 생각하는 이유는 많은 학부모님들이 개념은 몰라도 연산을 우습게 생각하는 분들이 많기 때문이다. 그냥 문제집을 풀다 보면 그 안에 연산 문제가 있으니 자연스럽게 해결될 것이라고 생각한다. 물론 문제집을 풀다가 저절로 연산이 잡히는 아이가 있기는 하다. 그러나 그것은 극히 소수의 아이들이라서 일반화하기는 어렵다. 그런데 연산이 완벽하게 되어 있지 않은데 계속 진도만 나간다면, 우습게 생각했던 바로 그 '연산' 때문에 머리가 좋은 여러분의 자녀가 수학을 포기할 수도 있다. 보통 중3에서 연산이 잘 안 되는 절반의 학생들이 수학을 포기하게 된다. 그렇다고 연산을 많이 시키기만 한다면 역시 문제가 된다. 필자가 연산에 관해서 여러 권의 책을 내고 지침들을 주었더니, 이것을 받아들인 비교육전문가란 사람들이 이를 토대로 큰 수들의 연산을 시키는 경우를 봤다. 이것은 지침을 왜곡하여 연산을 독으로 만들어 내고 있는 행위다.

결국 책의 저자인 나의 입장에서는 책을 절판시키고 다시 큰 수의 부작용을 알리는 글을 쓸 수밖에 없게 되었다. 큰 수를 자꾸 시키는 이유는 주로 상업적인 이유다. 수학에서 필요한 개념을 모르니 가르칠 것은 없는 사이비교육자가 고등수학도 모르면서 큰 수가 마치 고등수학에 필요한 것처럼 홍보하게 된 것이다. 그렇게 잘 알아서 가르치려니 하고 맡긴 학부모들을 현혹시켜서 경제적 이득을 취하고, 아이는 아이대로 힘들어 생각하는 힘을 빼앗기게 된다. 또한 연산을 빠르게 많이 해서 끝내고, 그 후에 개념을 공부하면 된다고 생각해서도 안 된다. 큰 수의 연산을 많이 하는 동안, 이미 연산은 억지로 해야 하는 거라서 대충 하는 버릇이 몸에 익게 되기 때문이다.

초등학교는 쉽기도 하거니와 요즘은 학교에서 워낙 쉬운 문제만 다루어서 연산이 되면 학교 시험을 잘 본다. 그러나 연산은 도구이지 생각을 하는 것이 아니라서 수학이 아니다. 국어로 말하면 연산은 가나다라이며 가나다라를 잘한다고 국어를 잘한다고 할 수 없는 것과 같다. 연산은 인간의 고급 두뇌가 많이 하기에는 저급한 것이다. 연산처럼 단순한 것을 많이 하게 되면 연산의 부작용에 노출된다. 연산학습지를 오래 하다보면 연산을 잘하고 수학도 잘하는 학생도 있지만, 역으로 생각하는 힘을 잃어버려 오히려 수학을 힘들어하는 경우도 많다. 현실을 직시하기 바란다. 때문에 연산은 고등수학에서 필요로 하는 연산만 엄선하여 최대한 빠르게 완성시킴으로써 부작용을 최소화하는 것이 최선이다. 다음은 연산의 부작용을 최소화하기 위한 지침이다.

연산지침1. 작은 수의 연산을 빠르게 하라.

작은 수의 연산이란 '두 자릿수와 한 자릿수의 연산'을 말한다. 큰 수를 연습하다보면 작은 수쯤은 저절로 될 거라는 생각은 잘못된 것이다. 나중에 이 책에서 이유를 언급하겠지만, 잘못된 생각이 수십 년을 지배할 수 있었던 것은 한 마디로 연산에 관해서는 전 세계적으로 실험의 결과가 없었기 때문일 것이다. 즉, 주먹구구식의 추측이 지금까지 계속 되어 왔던 것이다. 큰 수를 무려 4년간이나 시키며 학생들을 괴롭혀온 교과서, 참고서, 학습지들의 잘못된 공부법으로 중·고등학교 수학에서 여전히 작은 수의 연산을 '실수'란 이름으로 틀리는 것을 봐왔다.

예를 들어 '세 자릿수 곱하기 두 자릿수'를 한다면 이 안에는 구구단과 두 자릿수와 한 자릿수의 덧셈이 있으며 이를 각각 완전하게 한다음, 두 자릿수와 한 자릿수의 곱셈에서 빠르기를 끝냈어야 한다. 초등 4학년에서 사용되는 큰 수는 하루에 한 문제씩 풀면서 자릿값에 대한 생각을 하는 시간을 갖으면 족하다. 그런데 많은 사람들이 작은 수는 맞았다며 금방 넘어가고 큰 수에서 20~40문제를 풀린다. 실력이 부족한 학생이 이 정도를 푸는 것은 아동학대에 가깝다. 설사 어렵게 아이를 설득해서 풀린다 해도 문제는 학생의 연산실력이 향상되지는 않는다는 데 있다. 학부모가 한 번 직접 풀어보면 알겠지만, 아마 일주일내로 학습지를 찢어 버리고 싶을 것이다.

아이들이 큰 수의 연산을 밀리기 시작하면 학부모나 선생님은 억지로 풀리기 시작한다. 그러면서 학생도 학부모도 수학은 원래 더러운 것이라느니 수학을 어려워하는 것이 정상이라느니 하는 이상한 선입견이 자리하게 된다. 그래서 나중에 중·고등학생이 수학문제를 풀면서 어렵다고 하면 문제점를 해결하려는 생각이 아니라, 힘들게 하면 수학을 오히려 잘하고 있다고 착각하는 계기가 된 것이다. 수학이 더러운 것은 더러운 문제를 풀기 때문이고, 어려운 문제가 어려운 것이 아니라 계속 어렵다고 한다면 이것은 실력이 자라지 않고 있다는 증거이다. 이해가 안 되어 어렵다는 아이를 몰아붙이기만 하면 대충하는 습관을 갖게 된다. 논리를 전개하여 문제를 해결하려는 수학에서 대충하려는 버릇만큼 치명적인 것도 없다.

연산지침2. 여러 개의 수를 암산하라.

연산의 확장은 작은 수를 빠르고 정확하게 한 후 큰 수의 연산으로 확장하는 것이 아니라, 작은 수를 여러 개 암산하는 능력을 기르는 것이다. 교과서는 받아올림수 1도 적으라고 한다. 의도와는 상관없이 교과서는 암산을 원천봉쇄하는 것이다. 분수의 연산도 알고리즘대로 길게 쓰라고 하고 심지어는 그렇게 쓰지 않으면 틀렸다는 선생님도 있다. 처음에는 알고리즘대로 해야겠지만, 점차 암산하여 초등 5학년에서는 5~6개의 암산이 부담스럽지 않고 자유자재로 쓰일 정도까지 해야 한다. 왜냐하면 중2의 연립방정식에서 암산하게 되면 5~6개를 요구할 것이고, 중3이 되면 6~7개의 암산을 인수분해에서 요구할 것이기 때문이다. 최종적으로 고1에서는 10개 정도의 암산을 요구하기 때문에, 그 시기마다 필요한 암산의 개수를 맞춰 놓아야 한다.

초등 5학년과 중2에서 5~6개를 요구한다는 것은 그 사이인 초6과 중1에서는 5~6개가 아니라 3~4개를 요구한다는 의미다. 교과서가 암산으로 가는 길을 막았다 해도 보통 연산을 6년 정도 하면 3~4개까지는 암산이 가능하다. 2~3개 정도의 암산이 된다면 중1부터 이미 하위권의 바닥을 치고 있겠지만, 만약 3~4개라면 수학을 해나가는데 지장이 없어 보인다. 그래서 2년의 기회를 알지도 못하고 허무하게 날리는 상황이 가장 안타깝다. 그런데 중3이면 3~4개의 실력을 가진 아이들에게 6~7개의 암산을 요구하는 경우가 있다. 십중팔구 이것을 이겨내지 못하는 절반의 학생들이 수포자가 된다. 중3 수포자가 50%이고 포기하지 않은 나머지 학생이 고등학교 가면 두 달 안에 다시 60%가 포기한다. 심각한 문제지만 이보다 이런 일이 수십 년째 지속되는데 어떤 대책이나 자구책을 마련하지 않는다는 사실이 더 놀랍다.

연산지침3. 고등수학에서 필요한 연산만 하라.

우리나라는 고등학교수학까지 사용하는 연산의 수는 이미 결정되었다 해도 과언이 아니다. 대부분 연산의 결과가 100 이하의 수이며, 설사 벗어난다 해도 이 책에서 사용하는 수만 하면 된다. 연습의 대상이 되는 수를 비교적 엄격하게 제한하는 이유는 그 범위 안의 수를 완벽하게 하려는 의도이다. 필자의 지침 받아들이되 수만 크게 하는 사람들은 상업적인 이유 때문이라고 했다. 그런데 그것을 알면서도 따라가는 학부모는 연산을 조금 더 한다고 해도 해가 될 것이라는 생각을 하지 못하기 때문이다.

예를 들어 필자가 거듭제곱을 초등3, 4학년에서 하기를 원하며 거듭제곱의 대상을 지정하였다. 2의 10제곱, 3의 4제곱, 5의 4제곱, 나머지는 20의 제곱까지만 하라고 했다. 그러면 21의 제곱도 하지 말라는 말이다. 그런데 '거듭제곱을 연습해야 하는구나!'로만 받아들이고 50의 제곱, 심지어 70의 제곱까지 외우게 하는 것을 본다. 이렇게 필자의 의도와는 다르게 왜곡시킨 것도 부족해서 '조선생이 가르치는 것과 같은 것은 허접한 것이다. 저런 허접한 작은 수를 가르치라면 나는 차라리 안 가르치겠다'고 한다. 특히 연산의 큰 수를 가르치는 것은 수의 확장이기에 조합을 하면 어마어마한 양이 된다.

필자가 암산력을 기르면서 두 자릿수의 범위를 24 이하로 제한하면 600개만 연습하면 된다. 그런데 만약 두 자릿수와 두 자릿수로 수의 범위를 조금만 넓히면 곧장 8000개를 연습해야 한다. 600개와 8000개는 수학을 포기하기에 충분한 차이가 아닐까 싶다. 또한 연습이 잘 이루어지지 않는 거듭제곱의 큰 수를 외우게 되면 나중에 가물가물해지고, 결국 전체 거듭제곱이 헷갈리는 일이 벌어지기 때문에 불필요한 암기는 절대로 해서는 안 된다. 예를 들어 전체 구구단 중에 모든 것은 잘 나오는데 만약 2~3개만 헷갈린다고 해보자. 그러면 학생은 그 2~3개 때문에 전체 구구단이 언제 틀릴지 모른다는 불안감을 안게 된다. 지금은 잘 외웠을지도 모르는 27의 제곱이 중·고등 수학에서 사용되지 않으니 잊어버리는 것은 좋은데, 문제는 17의 제곱과 같이 완벽하게 외워져 있어야 하는 것의 답도 불안해진다는 것이다.

셋째, 사고력에도 단계가 필요하다.

앞서 '수학적 사고력'을 '개념을 가지고 논리를 전개시켜서 문제를 해결하는 힘'이라며 사고력 대신에 '논리'를 끌어들여 설명하고자 하였다. 똑같은 것인데 다르게 표현한 것은 '사고력'이라는 단어에는 마치 단계가 없어 보이는 반면, 논리는 삼단논법처럼 뭔가 생각의 단계가 있어 보이기 때문이다. 문제를 던져주고 아이에게 풀라고 했을 때 멍때리고 있지 않게 하려면, 최소한 생각을 할 수 있도록 연산과 개념이라는 생각의 도구를 주어야 한다. 땅을 파라고 시킬 때에는 삽이라도 주어야 할 것이 아닌가? 아무것도 주지 않고 열심히 최선을 다해서 땅을 파라하면 손으로 땅을 팔 수 있겠는가?

연산도 부족하고 개념도 없는 상태에서 문제를 풀라 하니 대책 없을 때, 선생님이 '이런 문제는 말이다 이렇게 풀어라!'하니 마치 구세주를 만난 듯할 것이다. 그러나 '이런 문제는 이렇게 푸는 것이다'로 시작하는 것은 대부분 문제풀이 기술에 불과하다. 그렇다고 기술이 나쁘다는 것이 아니다. 모든 문제를 개념으로 풀 수는 있지만, 모든 문제를 개념으로만 풀면 우리나라와 같이 시험을 보는 나라에서는 시간이 부족해서 모든 문제를 풀지 못하기 때문이다. 개념을 공부하고 기술을 배우면 개념과 기술을 모두 얻게 되지만, 기술을 먼저 배우고 그

다음에 개념을 배우는 것은 심리적으로 불가능하다. 기술로 일단 문제가 풀리게 되면 궁금한 것이 사라지고 심리적으로 더 느린 방법인 개념을 받아들이기 힘들기 때문이다. 따라서 평상시는 개념으로 공부하다가 시험이 임박하면 기술을 익히면 될 것이다. 물론 시험이 없다면 기술을 배우지 않고 계속 개념만 배워나가는 것을 권한다.

수학에서 쉬운 문제는 개념이 필요 없어 보인다. 그래서 초·중등에서는 개념의 중요성을 인식하기가 어렵다. 또한 새로운 문제도 별로 없어서 문제집 몇 권 풀면 모든 문제가 순환하며 나온다. 그렇기 때문에 마치 개념은 필요 없고 문제만 많이 풀면 해결된다는 잘못된 생각을 학생도 학부모도 가질 수 있다. 그러나 고등학교에 가면 이 모든 상황이 바뀌게 된다. 중학교와 달리 고등학교 수학문제는 압사당할 만큼 많다. 물론 이 모든 문제를 다 푼다면 학교의 내신 시험은 이론적으로는 잘 맞을 수도 있다. 그러나 모의고사나 대학시험인 수능에서는 처음 보는 문제가 매 시험마다 6문제 정도가 출제되는데, 6문제를 모두 틀리면 4등급이며, 한 문제를 확률 상 찍어서 맞으면 3등급이다.

서울 강남에서 늦으면 중1부터 6년간 고등수학을 공부하는 대부분의 학생이 3등급이 나오고 있다. 많은 유형을 풀어서 응용이 될 것이라는 기대를 버려야 한다. 많은 유형의 문제를 풀어서 응용력이 생긴다면 6년 동안 대부분의 유형을 푼 강남의 학생들이 제일 먼저 생겼어야 한다. 그 학생들이 놀다가 그런 것이 아니며 열심히 하였고 게다가 머리도 좋은 학생이 많다. 개념을 공부하는 이유는, 처음 보는 문제나 어려운 문제를 접근하는 방법이 개념밖에 없기 때문이다. 고등학교에서 어려운 문제는 한 문제에서 사용되는 개념이 많게는 10~20개까지 사용되며, 그 중에 한 개만 모르더라도 그 문제를 틀리게 된다. 처음부터 많은 개념이 담긴 문제를 풀 수 없으니 초등학교와 중학교를 거치며 개념도 익히고 조금씩 어려운 문제를 고민해 나가야 할 것이다.

넷째, 근성(*Grit*)이 수학실력은 아니다.

간혹 전문가들이 나와서 수학을 잘하려면 수학적 사고력을 갖추어야 한다며 사실상 머리가 좋아야 한다고 대놓고 말하는 사람들도 있다. 부정할 수는 없지만 평범한 머리여도 고등학교 수학까지는 가능하니 머리는 변수로써 배제하고 논의하고자 한다.

학부모들은 아이가 사고력이 필요한 어려운 문제를 풀 수 있기를 바란다. 그래서 어려운 문제를 주었을 때, 아이가 고민하여 답을 얻어 내었다면 수학실력이 자랐다고 착각한다. 수학은 문제를 풀면서 오랜 시간 물고 늘어지는 끈기와 집요함은 굉장히 중요하며, 이것은 초등학교 때부터 길러나가야 하는 '수학포인트'라고 할 수 있다. 그런데 문제는 이런 집요함과 근성이 수학실력 자체가 아니라는 것을 알아야 한다는 것이다. 수학실력은 '개념을 가지고 문제를 풀어서 개념이 튼튼해지는 것'이다. 아이들이 갖추어야 하는 것은 한마디로 연산, 개념, 근성이라고 할 수 있으며 이들의 조합을 이해하기 쉽게 유형별로 구분해보겠다.

유형1. 아무것도 없이 어려운 문제를 풀면, 별표를 치며 도망가기 바쁘다.

유형2. 근성만 가지고 어려운 문제를 푼다면, 마치 머리가 나쁜 듯이 보인다.

유형3. 연산과 근성만 가지고 어려운 문제를 푼다면 기술과 유형만 찾아다녀서 중학교 때까지는 나름 성적이 잘 나올 수 있다. 그러나 고등수학에서는 성적이 떨어지거나 수학을 포기할 가능성이 높다. 높은 점수가 나오지 않거나 추락할 가능성이 높다.

연산과 개념과 근성을 모두 갖추면 수학을 잘하는 것은 당연하다. 그런데 이것들이 연산을 제외하면 정량화시키기 어렵고 한꺼번에 배울 수도 없으며 하나씩 순차적인 공부도 안 된다. 결국 연산과 개념을 완성시켜가면서 어려운 문제를 통해 근성을 키워가는 것이 최선의 수학 공부법이라 할 수 있을 것이다.

2.
수학 교과서의 이상이 내 아이의 현실은 아니다

　수학자들의 목적과 달리 수학을 가르치는 사람의 목표는 아이가 수학문제를 빠르고 정확하게 푸는 것이다. 언뜻 생각하면 문제를 많이 풀리다 보면 같은 유형을 익힐 수 있고, 같은 유형의 문제가 나오면 풀 수 있게 하는 것이라는 생각이 들 수도 있다. 이렇게 문제를 풀려서 아이가 잘 풀면 넘어갈 것이고, 못 풀면 그때서야 아이에게 문제를 잘 읽고 생각하라고 한다. 학부모도 선생님도 모두 생각하라고 하고, 아이도 생각하고 있다고 대답한다. 아이들이 가만있으니 망정이지 만약 "뭘 생각해야 하느냐?"고 묻는다면 뭐라고 하겠는가? 아마 문제를 더 잘 읽어보라는 말을 거듭할 뿐 달리 해줄 말이 없을 것이다. 가르치는 사람도 생각하는 법이나 개념을 배워본 적이 없기 때문이다. 이런 경우 대부분의 아이는 생각하는 척하며 실제로는 소위 '멍때리게' 된다. 개념이나 생각하는 법을 가르치지도 않았으면서 무작정 생각하라고 시킨다고 되는 게 아니다. 문제해결력을 기르려면 사고력이 필요하다는 생각이 드는지 요즘 '사고력수학'이 뜨고 있다. 사고력수학이라는 이름이 붙어 있는 책을 보면 그냥 어려운 문제만 있을 뿐 사고하는 방법을 제시하지는 않는다. 수학을 하나의 유행처럼 받아들이는 건 정말 위험하다.

수학을 배우는 내용으로 분류해보면 크게 '연산, 개념, 추론, 문제해결' 네 가지로 나눌 수 있다. 교과서를 보면 연산의 알고리즘을 소개하고 곧장 문제풀이에 들어간다. 개념과 추론을 가르치지 않는다는 것은 아이의 상식에 의존하겠다는 뜻이다. 불행히도 아이들은 상식을 배워야 할 시기인지라 아직 상식이 없다. 이러니 머리 좋은 아이들만 가르치겠다는 것과 무엇이 다른가? 아직 초등학생이라서 추론을 가르치기는 어렵다고 해도 제시라도 해야 하며, 개념이 아무리 재미없어도 생각의 출발점이라는 것을 우리는 안다.

백 번 양보해도 개념을 가르쳐야 생각을 출발할 수 있고, 학부모들이 간절히 원하는 사고력을 기를 수 있을 것이다. 개념에 관해서는 하고 싶은 말이 너무 많은데, 이 책이 연산에 관한 책이라 다음 책에 소개하기로 하고 간단히 개념에는 어떤 것들이 있는가만 언급하고 연산에 대한 이야기를 계속하기로 하자. 그냥 큰 덩어리로 보면 개념은 '자연수의 기본 성질, 등식의 성질, 실수체의 공리, 순서공리, 완비성공리, 확장에 따른 형식불역의 원리, 유클리드공리' 등이 있다. 용어에 '공리'라는 단어가 많이 있어 거창해 보이지만, 공리란 증명할 수는 없지만 자명한 것으로 사회과학적인 용어로 보면 그냥 '상식'이라고 할 수 있다.

25년간 연산과 싸우다

지난 25년간 필자는 연산과 전쟁을 했다고 해도 과언이 아니다. 좀 더 정확하게 말하면 연산은 별것 아니라는 아이와 엄마의 생각을 설득하는 데 대부분의 힘을 소진해왔다. 수학에서 연산을 확실하게 잡는 것은 선택이 아니라 필수다. 계산하는 과정이 없는 수학문제는 없으니 기본적으로 연산이 필요하다는 데는 모두 동의한다.

문제는 연산의 중요성을 제대로 아는 사람이 많지 않다는 것이다. 연산을 어떻게 가르쳐야 부작용을 최소화하는지를 아는 사람은 더욱 드물다. 기초연산의 완성도를 그린 후 구체적으로 수치화하여 목표로 삼지 않았기 때문에, 아래 단계가 완성되지 않은 상태에서 어려운 연산으로만 치닫는 게 원인이다. 객관성이 없으니 가르치는 사람이 대충 이 정도면 되겠다고 멈추게 되고, 그 수준이 수학에서 요구하는 연산 수준을 못 맞추는 경우가 많다. 더구나 전문가들은 사고력만을 강조하고 연산은 별것 아닌 듯이 얘기한다. 사고력을 기르기 위한 조건에 연산이 필요조건임을 인식하지 못한 탓이다. 실제로 이런 말을 하는 전문가들의 이력을 보면 아이들을 가르친 경험이 없으며 그냥 이론상의 이야기를 할 뿐이다.

한번은 고등수학 스타강사가 나와서 '요즘 아이들은 생각하지 않는다'며 그 이유가 어려서부터 주구장창 아무 생각 없이 연산학습지만을 풀었기 때문이란다. 그런데 그 후 문제를 풀면서는 '이 정도 연산은 아이들이 할 수 있어야 한다'라고 말한다. 필자는 '이 정도의 연산'은 어떻게 훈련시켜야 하느냐고 반문하고 싶었다. 문제를 많이 풀면 그 안에 연산이 있으니 저절로 습득되는 것으로 인식하는 학부모가 의외로 많다. 연산은 하나하나 훈련을 통해서 잡아가지 않으면 저절로 되는 경우는 거의 없다고 보는 게 맞다. 또 잘못 인도한 탓이 크지만 학습지 등을 통해 훈련한다고 해도 문제는 여전하다. 대부분의 연산학습지는 연산 훈련에는 좋으나 생각하는 문제는 거의 없다. 짧은 시간 안에 가르쳐야 되는 학습지의 특성상 어려운 문제를 집어넣으면 시간 내에 아이들을 관리하기가 어렵고, 어려운 문제를 내어 아이들이 못 풀거나 밀리면 학습지나 선생님 탓이 되기 때문이다.

전문가도 학습지도 문제라니 "그럼 어쩌란 말이냐?"는 말이 절로 나올 것이다. 전문가나 스타강사의 말이 틀렸다는 것이 아니라 아이가 처한 현실을 생각하면 반드시 연산력을 길러야 한다는 말을 하고 싶었다. 연산을 잡는 과정에서 생각하지 않게 되는 부작용이 생길 우려가 있지만 그래도 잡아야 한다. 연산의 부작용을 최소화하면서 사고력을 길러가는 것이 정답이라고 생각한다. 사실 동의한다 해도 문제는 그대로 남는다. '어떻게 해야 할 것인가?'

필자는 직접 개발한 학습지를 가지고 앞서 말한 대로 25년간 가르쳐왔다. 연산과 개념, 사고력을 신장시키기 위해 교재의 앞쪽 80%는 기본적인 연산을 개념과 함께 가르치고, 20% 정도는 생각해야 하는 문제로 구성했다. 그 결과가 항상 성공적인 것은 아니었다. 잘 받아들이는 학생들은 성과를 냈지만, 연산 문제를 곧잘 풀다가 생각해야 하는 문제가 나오면 그냥 별표를 치고 풀지 않는 아이들도 있었다. 이 아이들을 해결하고자 교재를 수없이 바꾸면서 스스로 개념을 연구하게 되었다. 정말로 어려워서 고민하다가 못 푸는 것은 괜찮지만 많은 아이들이 풀 줄 알면서도 안 풀었다. 여러 가지 이유가 있지만 가장 큰 이유는 연산 문제를 푸는 속도와 문장제 등 소위 '생각해야 하는 문제'의 풀이 속도가 다르다는 데 있다. 생각해야 되는 문제를 연산 문제와 같은 속도로 풀고 싶은데 잘 안 되기 때문이다. 두 번째 이유로는 개념을 가르치지 않아서 문제를 읽어봐도 무슨 말인지 모르는 경험이 누적되었기 때문이다. 아이 입장에서는 몰라도 문제를 풀어야 하니 대충할 수밖에.

수학의 개념은 대부분 상식이라서 똑똑한 학생이라면 배우지 않았어도 곧잘 바로 문제를 푼다는 것을 간과하면 안 된다. 그것을 간과하고 초등학교나 중학교에서 개념을 가르치지 않고 바로 시험공부를 하는 임기응변식으로 공부를 시켰다간 영재급의 아이들조차 고등학교가 되면 언제 영재였나 싶게 추락한다.

학교교육을 따라가는 것이 아니라 보완하라

현재의 학교수학은 계산법과 알고리즘을 고지식하게 적용하여 아이들의 생각이 펼쳐지지 못하도록 막는 방식이라 매우 위태롭다. 더구나 과외나 학원, 문제집 등의 기준은 교과서다. 교과서의 잘못을 상쇄할 수 있는 프로그램이 아니라 부작용을 더 키우는 구조라는 말이다. 엄마와 함께 저학년부터 하나하나 배워온 아이들이거나 차라리 교육을 받지 않은 아이들은 부족 부분은 있을지언정 그래도 생각하려 한다. 가장 심각한 것은 실력도 머리도 따라주지 않는 아이를 문제집만 많이 돌리는 학원에 보냈을 때다. 아예 배우고 싶어 하지 않는 아이로 변할 가능성이 높다. 필자가 보기에 전체 아이의 10~20% 정도는 3~4학년쯤 되면 이미 생각이 없어진 무뇌아처럼 어떤 자극에도 꿈쩍하지 않는 상태가 된다. 수학을 잘못 가르치면 가르친 만큼 이득이 되는 것이 아니라 생각과 발전을 멈추고 나아가 지적 발달을 해치는 결과를 가져온다는 것에 대해 아무도 문제의식을 가지고 있지 않다는 것이 걱정된다.

연산은 문제해결을 위한 수단으로서의 의미를 가지며, 사칙계산 알고리즘의 이해와 적절한 기능을 습득하고 기본계산을 숙달해야 한다. 수학은 사고력을 기르기 위한 도구라는 말에는 이의가 없다. 그러나 초등 6년 내내, 아니 중학교까지 하면 9년 가까이를 도구만 만들고 이를 활용하여 사용하지 않는 일이 도처에서 벌어지고 있다. 좁게 보면 기껏 사칙연산이라 생각하겠지만, 필자는 중학교 방정식이나 인수분해, 대입까지를 모두 연산이라고 본다. 중학생이 방정식을 푸는 것은 생각하는 것이 아니라 그저 연산하고 있는 것으로 보는 것이다. 기초연산 훈련은 더 정교한 목표를 가지고 빠르게 해결하고, 나머지 시간은 개념을 가르치면서 아이가 생각할 수 있도록 해야 부작용을 최소화할 수 있다. 한없이 연산만 하면 고등학교의 생각하는 문제를 해결하지 못하게 된다. 따라서 기본계산은 교과서에 제시하는 수준보다 더 빠른 시간 안에 숙달시켜야 한다. 그러고 나서는 같은 연산이라도 암산능력의 습득, 어림셈, 다양한 계산 수단의 사용과 선택하는 안목을 키워나가야 한다. 연산이 짜잘해 보일 수 있지만 실제로는 그 위용이 만만치 않다.

3.
연산이라는 땅이 있어야
개념이 꽃을 피운다

수학을 좋아하는 학생은 공부할 것이 적어서 좋다고 하고, 수학을 싫어하는 학생은 공부할 것이 많아서 싫다고 한다. 똑같은 것을 누구는 많다고 하고 누구는 적다고 하는 이유는 무엇일까? 초등 4학년 아이와의 대화를 먼저 보자.

조 선생 $\frac{2}{7} + \frac{3}{7} = ?$

아이 $\frac{5}{7}$요.

조 선생 왜 $\frac{5}{7}$야?

아이 2 더하기 3은 5니까요.

조 선생 분자끼리 더했구나? 그런데 분모끼리는 왜 안 더해?

아이 분모는 그냥 두고 분자만 더하는 거예요.

조 선생 왜 그러는데?

아이	원래 그러는 거예요.
조 선생	그럼 (2만 원)+(3만 원)은 얼마야?
아이	5만 원요.
조 선생	왜 5만 원인데?
아이	2 더하기 3은 5니까요.
조 선생	그러면 왜 만 원 더하기 만 원은 안 해?
아이	그러게요.
조 선생	왜 그런지 생각해봐. 2 더하기 3은 유치원에서 배운 거야. 우리가 이걸 몰라서 연습하는 거는 아니잖아?
아이	그렇지요. 그런데 모르겠어요.
조 선생	그럼 다시 물어볼게. 2만 원은 만 원짜리가 몇 개야?
아이	2개요.
조 선생	3만 원은 만 원짜리가 몇 개야?
아이	3개요.
조 선생	그럼 2만 원하고 3만 원은 만 원짜리가 몇 개 있어?
아이	알았어요. (2만 원)+(3만 원)은 만 원짜리가 2개하고 만 원짜리가 3개라서 만 원짜리가 5개니 5만 원이라는 거지요?
조 선생	그래, 이제 알겠어?
아이	그러니까 $\frac{2}{7}+\frac{3}{7}$은 $\frac{1}{7}$이 2개, 3개 있으니 더하면 5개라서 $\frac{5}{7}$라는 거지요?
조 선생	똑똑한데? 그럼 (2만)×(3만)은 얼마야?

아이	6만요.
조 선생	왜 6만인데?
아이	2 곱하기 3은 6이니까요?
조 선생	(만) 곱하기 (만)은 왜 안 해?
아이	그럼 (만) 곱하기 (만)이 (억)이니 6억이란 말이에요?
조 선생	맞아. 그런데 너무 커서 아닌 것 같아?
아이	그러게요. 아, 헷갈려!
조 선생	(2만 원)+(3만 원)과 (2만)×(3만)을 정확하게 이해한다면 중학수학의 많은 것을 이해한 것이란다.
아이	이런 게 중요해요?
조 선생	그럼!

수학은 하나를 배우면 확장을 통해 같은 형식이 계속 사용된다. 그러니 이 원리를 언제고 사용할 수 있도록 몸에 밸 때까지 연습하고, 곱하기가 생략된다는 것을 하나 더 배우면 중1의 '$2x+3x=$', 중3의 '$2\sqrt{3}+3\sqrt{3}=$', 고1의 '$3log5+2log5=$' 같은 것들을 이해하거나 연습하는 공부의 양은 현저하게 줄어든다. 비교적 위와 같이 원리를 가르쳐주는 공부 방법을 좋아하는 아이들이 많다. 그런데 기술로 공부하는 데 익숙한 아이들은 위 방법이 시간이 걸리니 풀어야 할 문제가 많다거나 바쁘다며 간단히 설명할 것을 요구한다. 물론 공부 분량이 상대적으로 적고 쉬운 초등, 중등에서는 별 차이가 나지 않는다. 예를 들어 중학교 1

학년들이 2+3을 못하는 것이 아니니 $2x+3x$을 $5x$라고 못 하는 것이 아니다. 그러나 $x+3x$을 $4x$라고 답하지 못하고 $3x$, $3x^2$ 등의 오답을 내는 아이들이 많다. x 앞에 1이 생략된 것을 잊어버렸다고 말하지만 들여다보면 원리가 아니라 기술로 접근하는 경우다. 원리를 모르니 x를 보고 x가 1개 있다는 생각이 들지 않기 때문이다. $2x+3x$든 $x+3x$든 원리를 아는 사람에게는 그 차이가 느껴지지 않지만, 알아가는 과정에서는 조금씩 차이가 보인다. 그래서 수학은 '단순한 것의 미묘한 변화'를 다루는 학문이라고 하는 것이다. 개념으로 배운다 해도 새로운 수가 나오면서 조금씩 변화가 일어나지만 '같은 원리나 개념'으로 푼다는 것을 알아가는 과정이라서 양도 적고 발견의 기쁨도 생긴다. 기술로 접근하는 아이들일수록 외워야 할 것은 너무 많고 외워지지는 않는다고 투덜대는 법이다.

개념을 배우기 위한 필수조건

많은 학부모들이 위와 같은 개념원리로 아이를 가르치기를 원한다. 하지만 제 효과를 내기 위해서는 반드시 필요한 조건이 있다. 간단하게나마 정리해보자.

첫째, 초등에서 기초 연산이 끝나 있어야 한다.

연산을 익히는 과정과 개념을 익히고 원리를 생각하는 것은 심리적으로 반대편에 있다. 연산은 빨리해야 하는 데 반해 개념은 생각하는 시간이 필요하다. 초등연산에서 5~6개의 암산을 하라고 한 것은, 10~11개의 암산이 되도록 하는 것도 가능하지만, 개념을 습득하고 근성을 키우는 것과의 밸런스를 맞추기 위해서이다. 아이들은 빠르기와 깊이를 동시에 습득하기가 어렵다. 많은 중학생들이 초등 연산이 부족하다 보니 개념보다는 연산에 매몰되는 경우가 많다. 큰 틀에서 보면 중학교에서 개념을 가르치려면 초등학교에서 연산을 끝내고 와야 한다. 중학교에서 개념을 공부하지 않고 기술들만 익히다가 고1에서 깊이 생각해야 하는 문제들을 만나면 치명상을 입게 된다. 연산과 개념과 근성의 밸런스를 최대한 맞추되, 큰 틀에서는 하나하나 끝내가는 공부가 필요하다.

둘째, 머릿속에 개념이 깔끔하게 정리되어 있어야 한다.

충분히 소화하지 못한 과한 내용을 수용하기에는 아이들의 실력이 참으로 얕기만 하다. 흔들리는 20개보다는 중요한 개념 2~3개를 확실하게 해놓는 것이 더 좋다. 개념을 배우는 이유는 공부의 양을 줄이고 직접 문제에 적용하려는 것인데, 사용이 가능하려면 알고 있는 정도가 아니라 언제고 꺼내 쓸 정도가 되어야 한다. 많은 고등학생들이 쉬운 문제는 알겠는데 어려운 문제에서 응용력이 떨어진다고들 말한다. 사실은 개념이 약한데 쉬운 문제를 기술로 풀어 놓고 안다고 착각하는 것이다. 시험이 끝나고 천천히 풀어보았더니 알겠다거나 선생님이 힌트만 주어도 풀겠다든지 하는 것은 개념을 정확히 아는 것이 아니라고 생각해야 한다.

셋째, 개념으로 공부하는 것이 득이 된다는 사실을 알아야 한다.

어떤 문제를 푸는 가장 빠른 방법은 공식이고 기술이다. 이해는 안 되지만 현란한 기술을 동원하여 복잡한 문제를 한 방에 풀어버리면 아이들은 자기가 푼 듯이 감탄한다. 말 그대로 쇼다. 기술이나 유형은 그 문제에만 적용되는 것으로 스토리가 없으니 기억의 메커니즘에 어긋나 쉽게 잊어버리고 공부를 안 한 백지 상태가 된다. 게다가 유형을 먼저 익히면 사탕을 먹고 밥을 먹는 것처럼 개념을 익히기가 더욱 어려워진다. 시작부터 개념으로 공부하는 것은 기술이나 유형으로 공부하는 것보다 밋밋하고 공부할 양도 많다. 원래 한 학년에 사용되는 개념은 몇 개 되지 않지만 이전의 개념이 필요하기 때문에 많아 보이는 것이다. 개념으로 공부하는 것이 누적되면, 이전 개념이 계속 사용되면서 추가되는 새로운 개념은 몇 개 되지 않기 때문에 길게 보면 점차 공부 분량이 줄어들게 된다. 개념은 생각의 흐름을 유도하기 때문에 깊은 생각으로 가는 출발점이 되어 나중에 어려운 문제나 처음 접하는 문제에서 그 위력을 발휘한다. 개념은 장기적으로 공부의 분량을 줄이고, 어려워지는 고등학교에서 빛을 발할 거란 믿음을 가져야 한다.

넷째, 선생님이라면 가르침에 타협해서는 안 된다.

학생들은 실력이 아니라 편안한 공부를 원한다. 문제를 푸는 것보다는 보는 것, 보는 것보다는 듣는 것이 편하다. 그래서 아이들은 툭하면 할 수 있는 것도 모른다고 한다. 설명을 하나하나 친절하게 해주는 선생님이 좋고, 어렵고 새로운 문제를 내주지 않아야 좋은 선생님이다. 사실 선생님도 아이가 스스로 풀 수 있도록 독려하고 기다리는 것보다 하나하나 가르치는 게 훨씬 편하다. 이런 식으로 학생과 선생이 타협하는 경우는 의외로 많다. 떠먹여주는 공부는 아이를 의타적으로 만들고 어려운 문제에 도전할 수 없게 만든다. 선생님은 개념을 가르치고 자기화할 수 있도록 시간과 문제를 주어야 하며, 아이 스스로 할 수 있는 것을 바로 설명해주면 안 된다. 아이가 먼저 고민하고 그래도 모르겠으면 그때 힌트를 주는 게 낫다.

다섯째, 수학은 아니지만 집요함도 필요하다.

물론 연산과 개념을 잡는다고 무조건 공부를 잘하는 것은 아니다. 연산과 개념을 잡는다 해도 시험 기술도 익혀야 하고 시험의 마지막 변별력을 요구하는 어려운 문제에도 도전해야 한다. 아이들은 개념을 자기화하여 생각을 시작하는 밑거름을 만들고, 자기주도학습을 통해 중·고등학교에서 오랫동안 공부할 수 있는 힘을 얻을 수 있어야 한다.

설마? 수능 1등급은 중1에서 거의 결정된다

4.

대학수학능력시험(이하 수능)에서 30점 이하의 점수를 받는 학생들이 40%에 이르는 등 수많은 학생들이 수학을 포기하고 있다. 아무리 내신과 수능이 다르지만 수능이 이 정도면 내신은 잘 나올까? 초등학교 때부터 수학을 포기하는 아이도 있지만 좀 더 구체적으로 보면 중학교 3학년 때 50% 정도가, 다시 고1 진학 후 2개월만인 5월 즈음이 되면 60% 정도의 학생들이 수학을 포기한다. 역산해 보면 고1까지 학생들의 70~80%가 수학을 포기한다는 말이다. 실제로 고2, 고3에서가 아니라 심정적으로는 고1 때 수학을 포기할 것인가 아닌가를 결정한다.

안타깝지만 현 교육체계에서 수학을 포기하고 좋은 대학을 가기란 불가능에 가깝다. 그러다 보니 많은 학부모들이 수학에 올인한다. 소위 말하는 선행에 빡센 학원을 찾아서 아낌없이 시간과 돈을 투자한다. 국가적으로 큰 낭비지만 여기서 이를 탓할 생각은 추호도 없다. 문제는 그것이 해결책이 아니라는 것이다. 공교육이 요구하는 대로 제 학년의 공부를 충실히 했을 때 계속 잘할 수 있다면 얼마나 좋을까? 중학교에서 어느 정도의 선행을 하지 않고 그냥 고등학교에 들어가면 엄청난 수학 공부 분량 때문에 고등학교 내신을 위해 다른 과목을 준비할 시간이 턱없이 부족한 것이 현실이다.

먼저 실태 파악부터 해보자. 소위 빡센 학원에 다니는 학생들은 하루에 3시간 정도, 좀 더 심하면 4~5시간까지 공부하고 한 학기당 4~5권의 문제집을 푼다. 소위 문제집을 미친 듯이 돌린다고들 표현한다. 선생은 목이 쉬도록 가르치고 아이들은 아이 나름대로 문제를 어마어마하게 푼다. 점차 파김치가 되어가는 아이들을 보며 안타까운 학부모가 다른 대안을 찾아보지만 뾰족한 수가 없다. 공부를 안 하고 잘하는 예는 없고, 그나마 열심히 하는 아이 중에서 성공 사례가 나오기 때문이다. 이런 방식으로 시험점수가 잘 나올까? 중학교 시험점수는 잘 나오겠지만 고등학교 시험점수는 '글쎄?'다.

한마디로 말해서 많은 유형의 문제를 풀어서 시험점수가 잘나오는 것은 중학교까지다. 그 이유는 중학교의 시험 문제가 쉬워서일 수도 있겠지만, 그보다는 중학수학은 문제가 많지 않기 때문이다. 중학교에서는 수학 문제를 새롭게 만드는 곳이 없어 수십 년 전의 문제를 그대로 사용한다. 그래서 문제집만 몇 개 돌리면 모든 유형을 다 풀게 되고, 이 유형들이 고스란히 내신시험에 나오는 것이다. 그러니 왜 틀리겠는가? 그러나 고등학교 시험, 특히 고등학교 모의고사는 전혀 다르다. 교육과정평가원과 각 시도 교육청에서 매년 수백 개의 문제가 새롭게 만들어진다. 공부 분량도 분량이지만 깊게 생각해야 하는 문제들이 다수여서 유형만 많이 공부하는 방법이 통하지 않는다. 많이만 공부하는 것으로 도달하는 지점은 모의고사나 수능 3등급이며 수능 3등급은 인서울 대학의 진학이 불가능한 등급이다. 3등급은 기존의 유형 문제를 다 맞고, 새롭게 만든 문제는 단 한 개도 맞추지 못할 때 얻는 점수라고 할 수 있다. 3등급이 공부를 못하는 것이라고는 할 수 없지만 중학교 때부터 거의 5~6년에 걸친 어마어마한 공부시간을 고등수학에 쏟아부은 결과치고는 참으로 초라하기 그지없다. 서울 강남에서 재수비율이 85%라고 하는데, 그 답답한 마음이 일견 이해되는 측면이 있다. 이제 원인에 대한 진단과 처방을 해보자.

원인과 처방

원인1 **처음부터 여러 개의 문제집을 푸는 것이 잘못된 것이다.**

학원에서 무조건 여러 개의 문제집을 풀리면 학부모들은 안심한다. 아이들이 많은 문제를 풀면서 힘들어하면 할수록 오히려 더 좋아하기까지 한다. 수학은 원래 힘든 것이고 힘든 만큼 아이에게 뭔가 도움이 될 것이라는 막연한 믿음이 있기 때문이다. 만약 정상적으로 실력이 자라고 있다면 문제집의 권수가 늘면서 점차 더 쉬워져야 한다. 계속 아이들이 어렵다고 하소연하는 것은 실력이 자라지 않았다는 방증이다. 하지만 이런 상태를 중학교 시험에서는 알아차리기 어렵다. 중학교 시험은 유형도 많지 않고 많이만 공부하면 시험점수가 곧잘 나온다. 문제는 여전히 실력이 늘지 않았다는 것이 한참 후인 고등학교에 가서야 비로소 나타난다는 점이다. 수학은 쉬워야 잘한다. 어려운데 어떻게 잘하겠는가? 계속 어려운 상태라면 실력이 자라지 않고 있다는 말이니 대책을 세워야 맞다. 아이가 수학문제집을 풀면서 계속 어려워하는 것은 문제집의 수준이 계속 올라가기 때문이라고 생각하는 사람도 있을 것이다. 맞다. 난이도가 높은 문제집으로 나아간다면 실력이 자라도 계속 어려울 수 있다. 하지만 한 번쯤 직접 학원들의 문제집들을 살펴보기 바란다. 학원에서 돌리는 대부분의 문제집들은 한결같이 같은 난이도를 여러 권 계속 풀리는 것이다. 그런데도 아이들이 계속 어려워하는 것이며, 학원도 시키고는 싶지만 아이들의 실력이 늘지 않으니 상위레벨의 문제집으로 넘어갈 수 없는 것이다.

처방 **처음부터 중상 정도의 난이도를 갖춘 한 권의 문제집을 반복하여 완벽하게 소화시킨다.**

완벽하게 소화시키면 동일 난이도의 문제집이 쉬워진다. 이렇게 하면 여러 개의 문제집을 섭렵하기보다는 그다음 상위단계의 문제집으로 곧장 나아갈 수 있다. 이 방법은 시간을 대폭 줄일 수는 없지만 풀어야 할 문제를 줄이면서도 실력을 높일 수 있다. 중상 정도의 난이도에 유형까지 두루 갖춘 문제집들의 종류도 워낙 많다 보니 필자의 경우에는 별도로 난이도를 조절한 교재를 만들어 사용하고 있다. 아이마다 다소 속도가 다르겠지만 1년 반에서 늦어도 2년이면 고등학교에 진입할 수 있도록 구성하였다.

원인 2 유형이 아니라 먼저 개념을 가르쳐야 한다.

많은 사람들이 수학은 사고력이 필요하고, 사고력으로 이끌 수 있는 개념을 익히는 것이 중요하다고 이구동성으로 말한다. 하지만 현실에서는 아이들에게 개념을 가르치고 사고력을 향상시키는 방향으로 이끄는 것이 아니라 문제들을 유형별로 정리하고 유형을 익히는 기술을 가르친다. 중학교까지는 유형별로 정리하며 문제를 많이 푸는 것만으로도 시험점수를 잘 받기 때문에 잘못 가르친다는 것을 깨닫기 어렵다. 중학교 시험문제는 선생님들이 문제를 만들지 않고 문제집에서 시험문제를 베낀다. 따라서 유형을 많이 풀어본 아이들이 중학교까지는 더 공부를 잘 할 수 있다. 하지만 중학교 우등생의 70% 정도가 고등학교에 가면 추락한다는 사실에 주목하자.

중학교에서 공부를 못했는데 고등학교에 가서 잘할 수는 없지만, 중학교에서 잘했다고 고등학교에서의 실력을 보장하지는 않는다. 중학교 시험문제를 보면 대입해서 계산만 하면 풀리는 문제가 50%가 넘는다. 그러나 중학생이 방정식을 푼다거나 대입하여 계산하는 것은 '생각하고 사고하는' 것이 아니다. 결국 이런 식으로 공부하다간 아무 생각 없이 중학교 3년을 보낼 수도 있다. 개념을 가지고 생각하는 훈련을 하지 않은 고등학생들이 고1 문제를 처음 접했을 때 많이 하는 말이 있다. "이렇게까지 생각해야 하나? 다시 푼다 해도 이런 문제는 못 풀 거야, 해답지가 사람을 더 좌절시켜." 이 아이들이 중학교에서 성적이 나빴던 학생들이 아니다.

어떤 유형의 문제를 푸는 가장 좋은 기술적인 방법은 항상 존재한다. 그래서 선생님이 기술을 가르치면 굉장히 좋게 보이고, 이런 것 때문에 선생님을 의존하는 것에서 벗어나지 못한다. 때로는 기술도 필요하지만 기술은 다른 유형에 적용할 수 없고 맥락이 없으니 기억의 메커니즘에도 어긋나 오래 기억되지 않는다. 유형적 접근은 당장의 문제해결을 위해서도 많은 반복이 필요하며, 장기적으로는 쉽게 잊혀 공부하지 않은 상태가 될 수도 있다. 즉 많이 공부한 것 같은데 머릿속에 아무것도 남는 게 없는 상태가 된다. 수학의 목표는 단연코 문제해결력을 높이는 것이며, 기술적인 접근으로는 도달하기 어렵다고 말하는 이유가 이것이다.

처방 **문제해결력을 위해 다양한 것들이 필요하지만 단연코 손에 꼽는 것은 깊은 생각이다.**

그래서 생각을 깊게 하는 사고력이 중요하다고 말하는 것이다. 그런데 아이에게 깊이 생각하라면서 기껏 조언하는 말이 '문제를 잘 읽어봐라'다. 잘 읽었다는 아이의 대답을 듣고 해줄 말은 무엇인가? 개념을 가르치지 않는다면 더 잘 읽으라고 윽박지르는 것밖에 할 게 없다. 깊이 생각하는 것에는 단계가 있고, 먼저 생각을 출발시킬 수 있어야 하며, 그 출발은 개념이어야 한다. 물론 문제를 해결하기 위해서는 연산도 필요하고 개념도 필요하며 깊은 생각으로 유도하는 끈기와 집요함도 모두 필요하다. 기본적인 연산은 초등학교에서 배웠다 쳐도 최소한 중학교에서는 적어도 개념을 가르치고 생각하도록 유도해야 한다. 물론 개념을 익힌다고 끝나는 것이 아니라 개념을 가지고 적용하는 유형도 다루어야 한다. 고등학교 모의고사 시험이나 수능시험은 중학교 때처럼 시중에 있는 문제가 아니라 하나하나 직접 만든다. 아이들이 태어나서 처음 보는 문제를 시험장에서 접하게 되는 것이다. 이런 문제들은 그동안의 유형적 접근을 통해서는 해결방법이 없다. 새로운 문제는 개념을 익히고 개념을 심화시킨 아이들만 접근할 수 있다.

보통 개념 강의를 하고 난 후 곧장 문제를 풀리는 경우가 많은데, 강의 한 번 들었다고 개념이 자기 것이 되는 것이 아니다. 개념을 듣고 난 후 개념을 자기화하는 작업이 필요하다. 필자는 소단위의 문제집마다 개념 강의 동영상을 보고 적도록 하며, 개념을 줄줄 말로 할 수 있을 때까지 연습시킨다. 그다음에서야 문제를 반복해서 풀게 하면서 개념이 문제에 어떻게 녹아 있는 것인지를 생각하게 한다. 이것이 가장 빠르게 최고난이도의 문제집에 접근할 수 있도록 시간을 단축시키는 방법이고, 실력을 갖추고 고등학교 수학에 진입할 수 있도록 도와주는 방법이다.

원인 3 고등학교 수학을 공부하는 아이는 고등학교의 모의고사로 평가받아야 한다.

열심히 공부하였다면 당연히 올바른 평가가 이루어져야 한다. 공부를 했다면 중간에 잘 하고는 있는지 부족 부분은 없는지에 대한 평가가 이루어져야 방향을 수정하고 보완하는 작업을 할 수 있게 된다. 물론 어느 학원이나 자체평가를 한다. 그러나 가르친 문제로 풀리는 학원의 자체평가시험은 객관화된 것이 아니라서 믿기 어렵다. 중학생이 선행을 하여 고등학교 공부를 한다면 당연히 검증된 객관화된 평가를 받아야 한다. 객관화된 평가가 어디 있냐고 할 사람이 있을지도 모르지만 객관적이고 검증된 평가방법은 분명히 있다. 고등학생들이 평가받는 교육과정평가원이나 각 시도교육청이 시행하는 모의고사 시험을 보면 된다. 이 시험을 통해 등급을 정확히 파악하고 어느 정도 성취를 이루었는지 객관적인 평가를 내릴 수 있다. 하지만 빡세게 시키기로 유명한 사교육 1번지 강남은 물론 대한민국 어느 학원도 이 모의고사로 시험을 보고 평가하는 학원은 없다. 이렇게 말하면 서운한 학원이 있을지도 모르겠다. 중학생이 고등수학을 잘하고 있는지에 대한 평가는 미적분이니 기벡이니 진도 이야기가 아니라 모의고사 결과가 1, 2등급이 나오는 게 더 확실하다. 그러나 수학 학원장들 사이에 모의고사 얘기는 금기라고 한다. 이유는 간단하다. 이 시험을 보았을 때, 아이들의 점수가 형편없을 것이라는 것을 이미 알기 때문이다. 학원의 입장에서 볼 때 그냥 두면 5, 6년 학원에 잘 다닐 아이에게 시험을 보게 하고 문제점을 노출시켜서 좋을 일이 무엇이겠는가?

처방 고등수학을 공부한다면 고등학교 모의고사로 평가받아야 한다.

학원도 잘 가르쳤으면 칭찬받고 잘못 가르쳤으면 질책을 받아야 마땅하다. 객관적인 평가를 바탕으로 부족 부분을 보완하든 가르치는 방법을 수정하든 올바른 방향이 제시되어야 한다. 그렇지 않고 그냥 시간이 흘렀을 때, 그 무엇보다도 중요한 학생의 시간을 되돌리기 어려워지기 때문이다.

수학 공부법을 바꿀 수 있는 적기는 중학교 1학년

독자들로부터 초6이나 중1인데 고등수학을 푼다는 말을 심심치 않게 듣고 있다. 처음에는 이때부터 시작해 고등학교까지 공부하면 거의 6년인데 그러고도 안 되는 이유는 부모가 억지로 시켜서인 줄 알았다. 그러다 아이들을 직접 만나보고는 아이들이 열심히 한다는 사실에 충격을 받았다. 강남 학생 85%가 재수를 한다는 사실이 이해가 안 되었었는데 이것도 비로소 이해가 되었다. 열심히 했는데 안 되는 이유는 아이들이 아니라 가르치는 사람들의 탓이라는 결론이 나왔고, 그때부터 진단과 처방을 거쳐 오늘에 이르게 된 것이다.

개념을 가르치고 그 개념을 자기화하여 한 권의 문제집을 완벽하게 습득하고 확장함으로써 아이들이 중학교에서 고등수학을 할 때 모의고사 1, 2등급을 받을 수 있도록 앞으로도 노력할 것이다. 개념으로 공부하는 것은 당장 중학교에서도 그 빛을 발하지만 궁극적으로 고등학교에서 아이들이 잘하게 하기 위한 것이 목적이다. 개념은 쉬울 때는 별것 아니고 아무 것도 아닌 것처럼 보인다. 하지만 개념이 많이 쓰이는 고등학교에 가서 이 하찮게 보였던 개념에 막혀 헤어나지 못하는 꼴을 보고 싶지 않다면 중학교에서 잡아나가야 한다.

이제 마지막으로 개념의 자기화에 대한 이야기를 해보자. 많은 학생들이 초등학교나 중학교부터 아무 생각 없이 문제를 푸는 경향이 있는데, 이런 학생들이 점차 더 많아지는 느낌을 지울 수 없다. 개념으로 공부한다는 것은 생각을 하고 깊은 생각으로 유도하는 과정이기에 지금까지의 습관을 버려야 하는 경우가 많다. 이 과정을 이겨내지 못하는 아이들도 종종 있다. 학생들의 변화를 일으키기 가장 좋은 때는 중1이나 고1이다. 그러나 고1은 많이 늦으니 적기는 중1이 아닌가 싶다. 중학교에 올라가서 잘하고자 하는 마음이 있을 때, 개념으로 올바르게 가르쳐서 생각하는 아이들로 바꾸는 것이 가장 쉽다.

초등 연산 만점 공부법

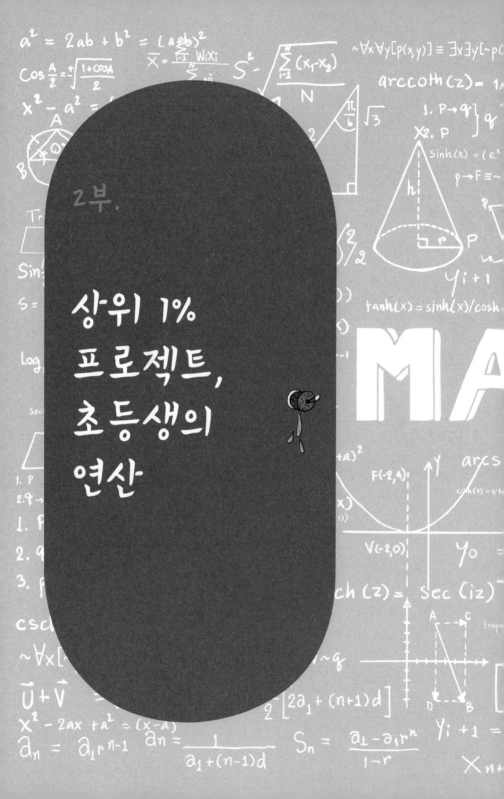

2부.

상위 1%
프로젝트,
초등생의
연산

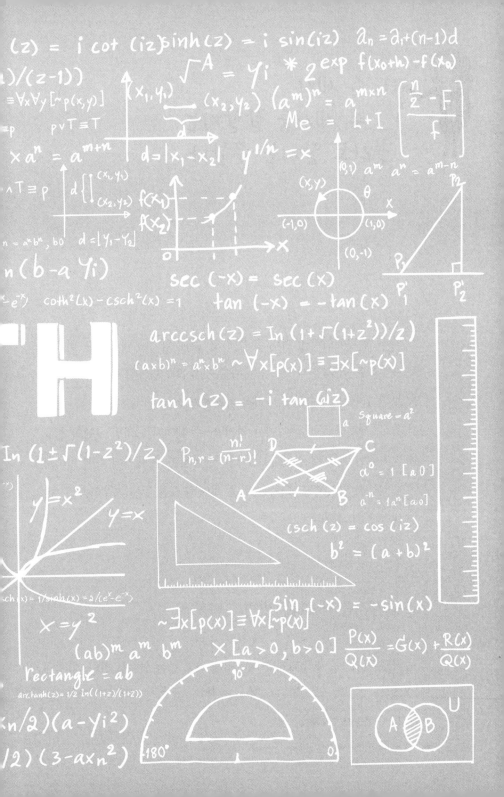

1. 수 세기
_ 수 세기를 잘할지는 몰라도 알지는 못한다

간혹 엘리베이터에 아이와 함께 탄 젊은 엄마가 아이에게 버튼을 누르게 하는 것을 본다. 아이가 배운 것을 의기양양하게 사용하는 것을 보면 귀엽기 그지없다. 수학을 배우면서 가장 먼저 하는 것이 수 세기다. 수 세기를 못하는 아이는 없지만, 수 세기가 느리면 덧셈과 뺄셈을 받아들일 때 오래 걸린다. 수학의 첫 걸음인 수 세기에 어떤 의미가 담겨 있는지 알아보자. 수학은 쉬운 것이 중요한 것일 경우가 많으며, 수 세기 역시 그렇다.

수 세기를 가르치는 방법

가장 먼저 1부터 10까지를 헤아리게 하고 쓰는 연습을 한다. 다시 1

에서 20까지를 헤아리게 하고 그다음으로는 1에서 30까지를 빠르게 세게 한다. 그다음 10에서 40까지, 20에서 50까지, …. 이런 식으로 필자가 가르칠 때는 보통 200에서 230까지 하고 난 후 10에서 1까지 거꾸로 수 세기를 빨리하도록 하고는 마무리하였다.

수 세기 같이 쉬운 것을 왜 설명하는지 궁금한 학부모가 많을 것이다. 그렇지 않다. 수 세기를 통해서 덧셈과 뺄셈을 도입하였고, 아이들이 이 수 세기가 갖는 의미를 제대로 몰라서 초등, 중등은 물론 고등학생들에게까지 강의 주제로 삼아 가르친다. 아주 어렸을 때는 그냥 수 세기를 하지만 점차 수 세기가 갖는 의미를 가르쳐야 한다. 수 세기를 가르치는 방법은 필자가 개발했는데, 그 쓰임새가 광범위하고 유용하니 아이에게 가르칠 수 있도록 다른 것들보다 조금 자세히 다뤄보자.

초등 1~2학년

'앞의 수'와 '뒤의 수'의 구분

"9 바로 앞의 자연수는 무엇인가요?"라는 질문에 8이 아닌 10을 말하는 아이들이 많다. 어른들도 '앞의 수'와 '뒤의 수'의 구분이 혼동되니 아이들이 그런 것은 당연하다. 수 세기를 하면서 가는 방향을 앞이라고 생각하는 데서 오류가 나온다. 수를 다음처럼 위에서 아래로 써보자.

1

2

3

4

5

6

7

8

9

⋮

이제 9 바로 앞의 수가 8인 것이 보일까?

기수와 서수의 구분

아이가 어떤 물건을 세면서 1, 2, 3, 4, 5라고 세었다면 그 물건의 개수는 5개라고 한다. 5까지 센 것과 5개는 어떤 의미가 있을까? 1, 2, 3, 4, 5의 5는 순서의 의미로 '서수'라고 한다. 5개라고 한 것은 양의 의미로 '기수'라고 한다. 만약 5라는 숫자가 있다면 그것이 양의 의미인지 순서의 의미인지를 구분해야 한다는 말이다.

$$5 \begin{cases} ① \ 5개(양의 의미) \\ ② \ 5번째(순서의 의미) \end{cases}$$

예를 들어 '5층에 산다'의 5는 순서수이고, '5층 건물에 산다'의 5는 양의 의미다. 기수와 서수를 설명하면 오히려 헷갈린다고들 말한다. 뭔가 새로 배우면 혼동하는 것이 정상이며, 이 혼동을 잡아야만 개념이 잡힌다. 기수와 서수 개념이 잡히지 않고 그냥 진도를 나갔을 때 아이들이 혼동하는 시기는 나중에 함숫값을 배울 때다.

자연수의 수 세기

'1, 2, 3, 4, …, 17의 개수는 몇 개인가?' 같은 문제에서 답은 17인데 간혹 오답으로 18이나 16을 대는 아이들이 있다. 누군가로부터 끝의 수에서 앞의 수를 빼고 1을 더하라는 말을 들었을 가능성이 높다. 이해가 안 된 상태에서 기술로 접근한 결과다. 자연수의 개수 세기는 다음 내용을 명확하게 숙지해야 한다.

1, 2, 3, …으로 출발해야 하고, 마지막 수가 총 개수이다.

당연하고 단순하지만 이것을 명확히 하지 않으면 수 세기의 확장을 만들 수 없다. 우리가 어떤 개수를 세기 위해서 할 수 있는 것은 수 세기가 유일하다. 잠시 다른 방법이 있는가를 생각해보자. '둘, 넷, 여섯, 여덟'을 생각하는 사람도 있을 것이다. 그런데 그것 역시도 1, 2, 3, …을 기반으로 한다.

초등 3~4학년

3~4학년 교과서를 보면 마치 큰 수의 연산만이 확장인 것처럼 나오는 것을 볼 수 있다. 큰 수의 연산은 교과서를 따라하는 것 정도에 만족해도 된다. 오히려 다른 다양한 개념을 알려주는 게 낫다.

범위의 자연수 세기

'5, 6, 7, 8, …, 17의 개수는 몇 개인가?'라는 문제가 있을 때, '1, 2, 3, …으로 출발해야 하고, 마지막 수가 총 개수이다'라는 생각에서 시작해야 한다. 1, 2, 3, …으로 가야 하니 각 수에서 4를 빼주면 '1, 2, 3, 4, …, 13'이 되고 마지막 수가 개수가 되니 답은 13개다.

이때 두 가지 의문이 든다.

첫째, '더 좋은 방법은 없는가?'란 생각이다. 기술로 접근하면 마지막 수에서 첫 수를 빼면 17-5=12인데 이렇게 하면 첫 수가 빠졌기 때문에 여기에 1을 더하라고 가르치는 학교나 학원 선생님이 있다. 문제는 아이들이 마지막에 1을 더하는 이유를 제대로 이해하지 못하고 그냥 외우는 경우가 많다는 것이다. 기술이라서 일단 계산이 빠르기는 하지만 그렇게 되면 망각과 싸워야 하고 확장성이 없다.

두 번째, '각 수에서 각각 얼마씩을 빼면 개수가 달라지지 않나?'라는 의문이 들 수 있다. 다음 문제를 풀어보자.

Q. 5명의 사람들이 있는데, 각 사람들로부터 1000원씩을 걷었습니다. 몇 사람이 있는 걸까요?

탭 5명

혹시 5000원이라고 한 사람? 5명의 사람들에게 1000원씩 준다 해도 5명이라는 사실은 변함이 없다. 마찬가지로 각각의 수에 0이 아닌 같은 수로 곱하거나 나누어도 총 개수에는 변함이 없다. 한 문제를 더 풀어보자.

Q. 다음 수 막대는 몇 도막으로 되어 있나요?

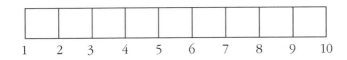

탭 9도막

수 막대 밑에 숫자가 있어서 5~6학년 아이들도 많이들 10도막이라고 한다. 답은 9도막이다. 대부분의 학부모는 아이가 틀리면 도막을 하나하나 잘 세지 않고 대충 풀어서 그렇다며 꼼꼼하기만을 원한다. 물론 세어보기만 해도 답은 맞춘다. 그러나 개념을 알려주는 것은 아니다. 다음도 같은 개념의 문제다.

Q. '통나무를 잘라서 9도막이 되려면 몇 번을 잘라야 하나요?'

'9㎝ 길이의 선분에 1㎝마다 점을 찍는다면 최대 몇 개의 점을

찍을 수 있을까요?'

> 🅐 각각 8번과 10개다.

이 두 문제는 '1과 10 사이에 있는 자연수는 몇 개인가? 1에서 10
까지의 자연수는 몇 개인가?'와 근본적으로 같은 문제다. 사실 이 유형
은 1학년부터 옷만 갈아입으면서 6년 내내 같은 문제가 나온다. 개념
을 잡아주지 않고 단순히 아이에게 꼼꼼하게 풀기만을 바라면 오답을
피할 수 없다.

배수의 개수 세기

'3, 6, 9, …, 99의 개수는 몇 개인가?'라는 질문에 97개라는 오답을
하는 학생들이 있다. 각 수에서 2를 빼고 마지막 수를 말한 것이다. 각
수에서 2를 빼면 1, 5, 7, …이 되어 1, 2, 3, …으로 출발해야 한다는
조건을 만족시키지 못한다. 1, 2, 3, …이 되려면 각 수를 3으로 나누어
야 한다. 그러면 1, 2, 3, …, 33이 되니 33개가 답이다.

Q. 1부터 100까지의 수 중에서 3의 배수는 몇 개인가요?

> 🅐 33개

앞서 설명한 '3, 6, 9, …, 99의 개수는 몇 개인가?'와 같은 문제다. 이 문제를 선생님들이 설명할 때 이유도 가르쳐주지 않고 100÷3을 하라고 한다. 대부분의 아이들이 외워서 답은 맞히지만 이유는 모른다. 이유를 모르고 문제를 푸는 것은 '내가 모르는 뭔가가 있다'라는 생각을 심어줄 수 있다. 불명확하고 불안한 것을 쌓아 어떻게 튼튼히 할 수 있을까? 기술로 가르쳤을 때의 대표적인 부작용은 생각을 멈추게 하는 것이다. 3의 배수의 개수를 물어보니 3의 배수를 늘어놓고 위처럼 문제를 풀면 이유를 알게 된다. 그런 다음에 100÷3을 해도 늦지 않다.

초등 5~6학년

이미 수의 범위를 의미하는 '이상, 이하, 초과, 미만'을 배워서 수세기 문제에 이런 용어가 들어 있을 것이다. 수의 범위에 맞도록 나열해놓고 출발하면 된다.

뛰어 세기

'8, 11, 14, 17, …, 119의 개수는 몇 개인가?'라는 문제가 있을 때, 역시 '1, 2, 3, …으로 출발해야 하고, 마지막 수가 총 개수이다'라는 생각으로 시작해야 한다. 이런 문제는 한 번의 계산으로는 해결되지 않는다. 3씩 커지는 것은 보이지만 그렇다고 3의 배수들도 아니다. 먼저

3의 배수로 만들어야 하니 각 수들에서 2씩 빼면 6, 9, 12, ⋯, 117이
된다. 이제 각 수를 3으로 나누면 2, 3, 4, ⋯, 39이니 다시 각 수에서 1
씩을 빼면 1, 2, 3, ⋯, 38로 답은 38개다. 좀 더 빠르게 하려면 8, 11,
14, 17, ⋯, 119의 각 수에서 각각 5를 빼고 3으로 나누어도 된다. 이것
을 가르치면 아이들이 더 빠른 방법은 없냐고 물어본다. 낯설어서 오
래 걸리는 거지 익숙해지면 단번에 암산 처리된다.

미지수를 포함하는 수 세기

'1, 2, 3, 4, ⋯, x의 개수는 몇 개인가?'라는 문제다. 답은 x개다. x
가 뭐냐고? 모른다. 하지만 x개다. '1, 2, 3, ⋯으로 출발해야 하고, 마
지막 수가 총 개수이다'를 잊지 말자.

중학교 1~2학년

중학교에서는 미지수가 본격적으로 사용되고 각각의 수를 '항'이라
칭한다.

항의 개수

'의자의 개수가 x개인 긴 의자에 3사람씩 앉았더니 의자가 2개가 남
았다. 몇 개의 의자를 사용하고 있는가?'처럼 의자 문제 같은 것에서

주로 사용된다. 문제가 이렇게 쉽게 나오지는 않지만 아이들이 자주 막히는 부분이기 때문에 일부러 문제를 만들어보았다. 숫자 x는 x개도 되지만, 순서수의 의미도 있으니 의자에 번호를 부여하고 1, 2, 3, 4, …, $x-2$, $x-1$, x처럼 늘어놓고 생각해야 한다. 1, 2, 3, 4, …, $x-2$의 의자에 즉 $x-2$개까지는 앉았고 $x-1$, x라는 2개의 의자가 남았다고 생각해야 한다. 그래서 $x-2$번째 의자에는 사람이 1명에서 3명까지 앉았다고까지 생각할 수 있어야 방정식 활용이나 부등식 문제를 풀면서 생각할 수 있게 된다.

몇 번째 항 구하기

'5, 6, 7, …인 수열의 130번째 항은 무엇인가?' 같은 문제는 고등학생들도 대부분 힘들어한다. 135 근처의 수인 것은 알지만 정확하게 뭔지는 헷갈린다. 그렇다고 일일이 셀까? 맞히겠다는 의지가 높은 고등학생들은 일일이 센다. 그러다 필자의 방법을 알려주면 무척 좋아한다. 지금까지의 방법을 거꾸로 하면 된다. 다음처럼 써놓고 보자.

5, 6, 7, …

1, 2, 3, …, 130

1이 5가 되려면 4를 더하면 된다. 1, 2, 3, …, 130의 각 수들에 4를 더하면 5, 6, 7, …, 134이다. 따라서 130번째 수는 134이다.

좌표평면에서 함숫값의 의미

함숫값을 구하는 과정이며 함숫값도 수이다. 따라서 기수와 서수의 의미를 가지고 있다. 중학교에서 함숫값을 인식시키지 못해서 상위권 아이들이 고등수학이 어려운 것이다. 예를 들어 $f(3)$은 '3에 대한 함숫값이 y축에 찍히는 점'이라고 가르치는데 이것은 '순서'로서의 의미가 강하다. 함숫값이 좌표평면에서 양의 의미를 가질 때는 '길이'로 사용되는데, 이 구분이 어려워서 함수의 활용이 어렵다. 이 부분을 잡지 못하고 기술로 접근하면 삼각함수의 그래프를 그릴 때 더 큰 어려움에 처한다.

고등학교 2학년

고등학교에서는 수열이라는 단원이 있어서 등차수열, 등비수열 등을 다룬다. '수열'이란 '수가 나열된 것'이라는 뜻으로 특정한 항의 수를 구하거나 전체 항의 개수를 알아야 수열의 합을 구해내게 된다.

등차수열의 항의 개수와 일반항

'수열 8, 11, 14, 17, …의 일반항을 구하라'는 문제에서 고등학교는 $a_n = a+(n-1)d$라는 공식을 사용한다. 교과서대로 공식에 대입하면 식을 구할 수 있다. 그런데 그렇게 하면 오래 걸려서 좀 더 복잡한 문제를 만났을 때 자칫 길을 잃을 우려가 있다. 3씩 커지니 $a_n = 3n+\square$를 써 놓고 보자. $n=1$일 때, 8이니 $\square$의 수는 5이다. 따라서 $a_n = 3n+5$이다.

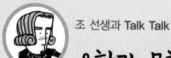

유한과 무한이 뭔지 아니?

조 선생 모르는 수를 □, △, ○ 같은 것으로 놓았었는데 중학교에 가면 x, y 같은 알파벳을 쓴단다.

아이 그냥 □, △, ○로 쓰면 안 돼요?

조 선생 그래도 돼. 하지만 더 귀찮을 걸.

아이 그럼 저는 그냥 □, △, ○로 쓸래요.

조 선생 맘대로 하든지.

아이 알았어요. x, y로 쓸게요.

조 선생 수학도 언어라서 다른 사람이 쓰는 거를 같이 써야 편해.

아이 알았다니까요.

조 선생 $1, 2, 3, 4, \cdots, x$의 개수는 몇 개야?

아이 이거 알아요. x개요.

조 선생 $2, 4, 6, 8, \cdots, x \times 2$의 개수는 몇 개야?

아이 이것도 알아요. x개요. $1, 2, 3, 4, \cdots$가 되도록 각 수를 2로 나누면 돼요.

조 선생   잘하네. 그럼 $1, 2, 3, 4, \cdots, x \times 2$는 몇 개야?

아이 $1, 2, 3, 4, \cdots$로 가고 있으니 마지막 수인 $x \times 2$가 답이겠네요. 근데 $x \times 2$가 어떻게 해서 만들어진 거예요?

조 선생 $1, 2, 3, 4, \cdots, x$까지는 이해하지?

아이   네.

조 선생   그럼 x 다음 수는 뭐야?

아이   1씩 더해가는 것이니 $x+1$ 아니에요?

조 선생   맞아. $x+1$ 다음 수는 뭐야?

아이 $x+2$겠네요.

조 선생   그럼 $1, 2, 3, 4, \cdots, x, x+1, x+2, \cdots, x+x$까지 간 거고 $x+x$는 '같은 수의 더하기'이니 곱하기로 바꿔서 $x \times 2$가 된 거야.

아이   그럼 $x \times 3$이나 $x \times 4$도 있을 수 있고 $x \times 4 + 3$ 같은 아무렇게나 만든 수도 있겠네요. 아, 그래서 $1, 2, 3, 4, \cdots$로 가고 있으면 항상 마지막 수가 전체의 개수라고 한 거군요.

조 선생   그래, 수학은 배운 것에 더 이상 아무것도 없을 것 같은데 계속 뭔가 추가돼. 그런데 알고 있는 것에 뭔가 다른 것이 들어온다고 해도 이전의 생각체계를 유지하면서 계속 발전한단다. 계속 같다는 것을 느끼며 공부하면 재미도 있고 공부할 양도 줄어들게 되지.

아이   새로운 것을 배워도 이전의 생각이 바뀌지 않는다고요?

조 선생   새로운 걸 알려면 이전 거를 정확하게 알아야 비교도 되겠지.

하나만 더 배워보자.

$1, 2, 3, 4, \cdots, x$는 몇 개라고?

아이 x개요.

조 선생 x는 어떤 수인지 모르니 엄청나게 큰 수여도 되니?

아이   되지요.

조 선생   그럼 x는 무한개라고 할 수 있니?

아이   무한이 뭐예요?

조 선생   여기서 무는 '없다'는 뜻이고, 한은 '끝'이라는 뜻이야 그러니 무한은 끝이 없다는 뜻이고, 유한은 끝이 있다는 뜻이란다.

아이   그럼 $1, 2, 3, 4, \cdots, x$는 엄청 큰 수가 될 수 있으니 무한개라 할 수 있겠네요.

조 선생   그렇게 생각할까봐 물어본 거야. $1, 2, 3, 4, \cdots, x$는 유한개야.

아이   왜요? x는 모르니 엄청 큰 수가 될 수 있잖아요?

조 선생   맞아. 엄청 큰 수가 될 수 있는데, 엄청 큰 수라 할지라도 그 수까지의 개수는 끝이 있으니 유한개라고 할 수 있어.

아이   잘 이해가 안 돼요.

조 선생 x가 어떤 수든 될 수는 있지만 그 수가 어떤 수가 된 뒤로 다시 다른 수로 바뀔 수는 없어. 계속 바뀔 수 있다고 생각하니 이해가 안 되는 거야.

아이   만약 어떤 수가 된다면 다시 바뀌지 않는다고요?

조 선생   그래, 어떤 수든 될 수는 있지만 다시 바뀔 수는 없으니 그 수까지라는 유한개가 되는 거야.

아이 　알듯 말듯 해요.

조 선생 　잘 이해하지 못하는 고등학생들도 많으니 쉽지는 않을 거야.

아이 　고등학생들도 어려운 걸 저한테 물어본 거예요?

조 선생 　그래도 생각하는 초등학생이라면 이해할 거야. 생각이 없으면

　　　　어른이라도 이해하지 못할 걸.

아이 　하긴 그래요. 생각을 해야 생각이 자라지요.

조 선생 　어쭈, 많이 컸네.

아이 　몰랐어요?

2. 암산력
_ 덧셈과 뺄셈을 무시하면
고등수학까지 위태롭다

    수학은 항상 쉬울 때가 중요하고 오히려 쉽기 때문에 그 중요함을 모른다. 초등학교에 입학하기 전부터 4학년 때까지 덧셈·뺄셈을 한다고 보면 거의 4~5년은 연습한 셈이다. 오랫동안 연습하니 익숙해지기는 하지만 학습기간과 비례해서 잘하게 되는 것은 아니다. 필요한 것을 정확한 목표를 가지고 시켜야 원하는 곳에 도달할 수 있다. 덧셈보다 뺄셈을 더 잘한다거나 덧셈·뺄셈이 안 되는데 곱셈·나눗셈을 잘한다는 것은 있을 수 없는 일이다. 그런데 대부분의 학부모들은 기본을 위해 덧셈부터 튼튼히 하라고 충고하면 '할 줄 안다'며 고개를 가로젓는다.

    물론 쉽게 느껴지면 다른 새로운 것을 하고 싶어 하는 것이 인간의 속성이다. 그러나 더 높은 건물을 짓기 위해서는 더 아래로 땅을 깊이 파 들어가야 하듯 수학 실력을 튼튼히 하려면 기본에 충실해야 한다.

중·고등학교에서 곱셈이나 나눗셈에서는 거의 틀리지 않는데, 오히려 덧셈·뺄셈에서 나오는 오답 때문에 골머리를 앓는 학생들이 많다.

다소 오답이 나오긴 하지만 자연수의 덧셈·뺄셈을 못하는 아이는 거의 없다. 할 줄 안다고 안심하지 말자. 여기서 중요한 것은 '암산력'이다. 초등 1학년의 암산력은 당장 구구단과 함께 초등 3학년 수학의 원천 빠르기를 결정짓는다. 초등학교 분수에서도 중요하게 쓰이지만, 중학교에 가서는 −(음수)를 배운 후 정수의 셈으로 확장된다. 암산력이 부족하면 '+7−15'나 '−7−8'을 해야 할 때 불편해진다. 이런 문제가 나올 때마다 항상 −(15−7)이나 −(7+8)로 고쳐서 풀 수는 없다. 시간이 부족해 심적 여유가 사라지면 부호를 빼먹어 오답을 낼 수 있다.

초등학교 때 덧셈·뺄셈이 느리거나 20문제 중 19개를 맞히는 실력이라면, 많이 연습해도 중학교에서는 10문제 중 9문제만 맞추게 된다. 고등학교 땐 수학문제 1문제당 덧셈·뺄셈이 다섯 번 정도 나오니 두세 문제 중 1개는 틀리는 셈이다. 설사 10문제 중 하나를 덧셈·뺄셈에서 틀린다 해도 짜증나기는 마찬가지다. 고등학교의 오답도 대개 곱셈·나눗셈이 아닌 덧셈·뺄셈에서 나온다. 그러므로 초등학교 때 반드시 빠르고 정확하게 될 때까지 연습해야 한다.

수학은 수를 하는 학문이니 수인 자연수와 분수를 튼튼히 하라고 말하니까 필자를 수의 연산만 강조하는 사람으로 오해하는 경우가 있다. 필자가 강조하고 싶은 것은 다음과 같다.

첫째, 작은 수의 연산을 튼튼히 하라는 뜻이다. 교과과정에서 인도

하는 대로 작고 쉬운 수의 연산은 조금만 하고 곧장 큰 수로 옮겨가 아이의 부담을 가중시키는 실수를 하곤 한다. 큰 수의 사칙연산으로 인해 공부할 분량은 많아지고, 아이는 수학을 지겨운 것이라고 생각하게 될 뿐이다.

둘째, 수학처럼 공부 분량이 많은 과목은 이것저것하면서 아이에게 도움이 될 거란 식으로 생각하면 안 된다. 아이만 힘들고 자칫 시간을 낭비할 수 있다. 하나씩 완벽하게 끝내가야만 남는 양이 줄어든다. 수 연산을 강조하는 것은 초등학교에서 연산을 끝내고 중·고등학교에서는 연산에 신경 쓰지 말아야 한다는 의미이기도 하다.

셋째, 필자는 연산과 함께 개념을 중시하는데 연산이 잘 되지 않는 아이는 개념을 받아들이기가 어렵고, 받아들였다 해도 속도가 느리며 계산실수를 연발해 자신감 상승으로 이어지기 힘들기 때문이다. 우선 덧셈·뺄셈을 가르치기 전이나 가르치는 중에 병행해서 보수 개념을 완벽하게 가르쳐야 한다.

10의 보수

9 짝 1
8 짝 2
7 짝 3

6 짝 4

5 짝 5

4 짝 6

3 짝 7

2 짝 8

1 짝 9

여백에 위처럼 보수를 적어 놓고 덧셈을 하는 동안 몇 달이고 계속해야 된다. 물론 대부분의 아이가 10의 보수를 알고 있을 것이다. 그러나 항상 그렇지만 안다는 것만으로는 부족하다. 다음과 같이 매일 연습하여 10의 보수 개념으로 10이나 20을 만드는 덧셈을 해야 한다. 자꾸 10이나 20을 만드는 연습을 해야 수분해가 되고, 그래야 뺄셈을 그만큼 적게 시킬 수 있다.

조 선생 7짝?

아이 3짝요.

조 선생 3짝은 7인데! 그럼 7짝이 7이야?

아이 7짝은 3이요.

조 선생 답만 얘기하세요.

아이 3이요.

조 선생 답만 얘기하라니까.

아이   3

'2짝?' '8', '9짝?' '1', '4짝?' '6', '3짝?' '7', …

이미 세로셈을 알고 있는 아이는 가로셈을 하다가도 어렵다고 느껴지면 머릿속으로 세로셈을 하려들 것이다. 암산력은 절대 세로셈으로는 얻을 수 없다. 아이를 설득해서 절대 세로셈으로 못하게 해야 한다. 세로셈으로 하면 이 부분을 연습하여 얻게 될 것이 반으로 줄어든다.

시중 학습지 활용하기
: 작은 수만 철저하게 연습하라

교과서 편성대로 되어 있는 문제집들은 문항 수가 적어서 활용하기 어려우니 시중에 나와 있는 학습지들 중 연산만을 다루고 있는 것을 선택한다. 다만 이 연산학습지들도 빨리 큰 수로 나갈려고만 하니 연산학습지를 순서대로 전부 풀려고 하면 안 된다. 연습대상은 '(24까지의 수) 더하기 (한 자릿수), (24까지의 수) 빼기 (24까지의 수)'이며 암산력을 기르려면 반드시 가로셈으로 시켜야 한다. 덧셈·뺄셈이 부족한 아이를 보강하려고 할 때, 학원이나 학부모가 아이에게 세로셈을 연습시키는 경우가 있다. 3~4학년의 아이는 가로셈을 하면 너무 쉽다는 둥하며 창피해서 안 하려고 하고, 가르치는 사람은 아무거나 시키면 되는 줄 알기 때문이다. 세로셈으로 하면 원하는 암산력을 얻을 수 없다는 사실을 꼭 기억하자.

덧셈에서는 한 자릿수 더하기 한 자릿수와 두 자릿수(25 전의 수) 더하기 한 자릿수만 있는 것을 여러 권 사서 똑같은 문제집을 풀면서 속도를 체크해야 한다. 뺄셈도 마찬가지로 한 자릿수 빼기 한 자릿수, 두 자릿수(25 전의 수) 빼기 한 자릿수, 두 자릿수(25 전의 수) 빼기 두 자릿수(25 전의 수)만 한다. 처음부터 덧셈과 뺄셈을 혼합시키는 것은 효과가 떨어진다.

암산력 학습지 직접 만들기: 600개만 해결하라

교과서의 암산문제는 다 합쳐도 100문제가 안 된다. 반복시키는 것도 아닌데, 이 정도로는 암산력은커녕 덧셈·뺄셈이 되리라고도 기대할 수 없다. 이 정도 시킨 후 바로 확장부터 하려고 세 수의 연산과 좀 더 큰 수의 연산을 한다. 사교육 없이 공교육만으로는 해결할 수 없는 첫 단추인 셈이다. 좀 더 의욕이 있는 학부모라면 학습지를 직접 만들어 가르치면 된다. 특히 덧셈과 뺄셈은 만들기 쉬워서 컴퓨터에 입력시키고 출력해서 사용한다. 팁을 주자면 빽빽하면 쉽게 지루해질 수 있으니 종이 앞면에 10문제, 뒷면에 10문제 총 20문제씩, 덧셈과 뺄셈을 각각 50장씩 만들어 하루에 3~5장씩 시키면 된다. 수의 범위는 24까지의 숫자에 한 자리 숫자의 덧셈과 24까지의 숫자에 24까지 숫자의 **뺄셈**이다.

암산력을 위해서라면 더 이상 큰 수를 연습할 필요가 없다. 더 큰 수는 확장에서 어림수를 연습해주는 것으로 보충해주면 된다. 그렇게 본다면 덧셈에서 대략 20×10인 200개인데 앞의 수와 뒤의 수를 바꿀 수 있으니 400개, 그리고 **뺄셈**에서는 24까지의 수에서 24까지의 수를 빼는 대략 20×20인 400개지만 앞의 수보다 클 수는 없으니 200개다. 결국 600개 정도의 계산만 빠르고 정확하게 할 수 있으면 된다. 만약 좀 더 큰 수까지 해주려는 욕심이 생긴다면 한 번 생각해보자. 큰 수까지 직접 풀어서 해결하려고 하면 문제의 수는 기하급수적으로 불어난다. 예를 들어보자. 세 자릿수 더하기 세 자릿수를 하려면 900×900으로 순식간에 810,000개로 늘어나게 된다. 만약 네 자릿수까지 해결하려 들면 9,000×9,000으로 81,000,000개의 연산이 필요하게 된다. 할 수도 없을 뿐더러 엄청난 시간을 투자하여 '연산의 독'을 듬뿍 받게 되는데 교과서나 문제집들이 이런 길로 가는 것 같아 답답한 마음이다. 필요로 하는 것만을 정확하게 그리고 요구 수준까지 완성시킨 후에는 다른 확장으로 넘어간다.

이때 모든 숫자를 똑같은 비중으로 넣는 것보다 다른 것을 좀 더 넣는 것이 좋다. 아이마다 특성이 다르다고 하지만 자주 틀리는 유형은 비슷하다. 테스트해서 부족 부분을 알아야겠지만 보통 덧셈을 해가면서 수분해를 할 때 아이들이 가장 어려워하는 것은 7이다. 그래서 6+7, 7+4, 7+8, 7+5가 가장 많은 문제점을 안고 있으며, 이것들이 부족하면 16+7, 17+4, 17+8, 17+5에서, 아니면 뒤바뀐 수인 7+16, 4+17, 8+17, 5+17에서 많이 틀리거나 시간이 걸린다. 마찬가지로 빼기에서도 13-7, 13-6, 11-7, 11-4, 15-7, 15-8, 12-5 12-7에서 오답을 얻게 된다. 50장 정도면 유형별로 다 다루면서 반복시킬 수 있는 분량이다. 특히 위 문제들을 좀 더 넣는다면 문제점을 해결하게 될 것이다.

큰 수의 연산, 많이 할수록 독!

작은 수의 암산을 위한 대상인 600문제를 충실히 연습하는데 족히 1년 이상이 걸리는 것으로 보인다. 그런데 많은 학부모님들이 기껏 한두 달을 연습한 뒤에, "다 맞았네. 우리 더 큰 수의 연산을 해볼까?"라며 좀 더 큰 수의 연산으로 넘어간다. 부모도 좀 부족한 것을 알지만, 교과서에 큰 수가 있으니 어차피 연습을 해야 하고, 큰 수를 연습하다 보면 작은 수가 보강이 될 것이라는 근거 없는 믿음 때문이다. 큰 수를 연습해도 작은 수가 강화되지 않는다. 예를 들어 세 자릿수 더하기 세 자릿수를 한다고 해보자! 일의 자릿수끼리, 10의 자릿수끼리 더할 것이며 받아올림수는 1이 있거나 없거나다. 이것은 큰 수의 더하기처럼 보이지만 실제로는 한 자릿수와 한 자릿수의 덧셈이다. 이 연습을 한다 해서 우리의 연습대상인 두 자릿수와 한 자릿수의 연산이 강화되지는 않는다. 따라서 큰 수의 연산을 무려 4학년까지 하더라도 실력은 자라지 않게 되는 것이다. 결국 중·고등학교에 가서 덧셈과 뺄셈이 틀린다. 곱셈과 나눗셈이 아닌 덧셈과 뺄셈이 틀리는 이유는 구구단이 72개고, 덧셈과 뺄셈의 대상은 그것의 10배 정도인 600개이기 때문이다.

그런데 이런 것을 모르고 세 자릿수와 세 자릿수 연산을 하루에 수십 문제씩 매일 연습하게 되면 어떤 일이 일어날까? 실력은 안 늘고 아이가 하기 싫어하니 강제로 시키게 되며 점차 연산의 부작용인 생각 없는 아이로 변해 대충 아무렇게나 풀려고 할 것이다. 이것은 논리를 전개해가는 수학에서 치명적이다. 게다가 중·고등학교 수학에서 이런 큰 수는 사용하지도 않는다. 큰 수는 하는 방법만 알면 되니 하루에 한두 문제만 풀면 족하다. 그나마도 아이가 싫어하면 하지 마라.

중·고등학교에 가서 세 자릿수 연산을 못해 수포자가 되는 것도 아니고, 큰 수를 연산하다가 수학을 싫어하느니 차라리 하지 않는 게 낫다.

전 세계적으로 연산에 관한 실험이 없다. 사실 연산은 물론이고 수학에 관한 변변한 실험하나 없어서 수학이 이 지경이 된 것이다. 실험한 적이 없으니 그냥 '어려운 문제를 풀면 쉬운 문제는 더 쉬워지더라!'는 것과 혼동한 듯이 보인다. 최근 초등학교 선생님 열 분 정도에게 물어보았더니 열 분 모두 '큰 수의 연산 연습을 강화하면 작은 수가 저절로 강화될 것으로 알았다'는 말씀을 들었다. 현장에서 아이를 가르치는 선생님도 모르는데 어찌 학부모가 알 수 있겠나 싶다. 작은 수를 철저히 하고 큰 수로 나가는 것이 아니라 여러 개의 암산으로 방향을 잡아라.

빠르기, 40초면 통과!

앞서 초등학교와 중학교 수학의 목표는 고1이라고 했었다. 제 학년의 수학을 해나가거나 한두 해 정도를 내다보는 공부를 해서는 안 된다. 1학년 암산력의 목표를 2학년의 세로셈을 무리 없이 할 수 있는 정도가 아니라, 최소한 빠르기를 완성시키는 3학년 곱셈과 나눗셈에서 요구하는 수준까지는 길러야 앞으로의 공부도 차곡차곡 쌓을 수 있다.

빨리 풀면 오답이 생길까봐 걱정하는데 오답이 나오면서 빨라지는는 않는다. 아이가 아무렇게나 답을 쓰지 않는 한 답에 대해 의심이 생기거나 틀릴 것 같은 불안감이 있는 상태에서는 빨라질 수 없기 때문이다. 암산력이 잘 다져졌는지를 판단할 수 있는 것은 '빠르기'다. 덧셈과 뺄셈에서 이해가 중요하지 않다는 것은 아니지만, 충실히 개념을 이해한 후에는 연습을 많이 해야 한다. 문제는 '얼마만큼 해야 하느냐'인데, 이때 '빠르기'를 기준으로 삼으면 된다.

목표 수준에 도달할 때까지 넘어가지 마라

100점이 나온다는 가정하에 1학년은 20문제를 푸는 데 40초대가 나오면 완성 수준이다. 2~3학년을 거치면서 10초 정도 더 빨라질 수 있는데 그 이후로는 거의 빨라지지 않는다. 따라서 4~6학년이라면 40초대가 아니라 30초대에 맞추어야 한다. 더하기를 하면서 10의 보수 개념을 심어주고 수분해를 제대로만 연습시킨다면 1분 40초대였던 아이가 두세 달만 해도 40~50초 정도까지 줄어들 수 있다. 이때 훈련을 최대한 시켜 반드시 30초대에 맞추어야 할 것이다. 평생 사용할 암산력을 이때 키워준다고 생각하면 몇 달 지체된다고 큰일 나지 않으니 될 때까지 한다.

'초'에 목숨을 거는 것처럼 들릴 수 있겠지만, 논리적으로 생각하기 이전에 '직관적'으로 계산의 답이 나와야 하기 때문에 매우 중요한 문제다. 모든 개념은 이처럼 직관으로 계획을 세워 논리로 정리하고, 그로 인해 얻은 결과는 다시 새로운 직관을 만들어내는 과정을 거치게 된다. 특히 작은 수의 연산은 직관적으로 나올 수 있을 정도로 튼튼하게 해주어야 한다. 그래야 새로운 개념, 즉 당장은 곱셈과 나눗셈이 되겠지만 이를 받아들일 수 있는 터전이 마련된다. 직관과 논리는 상반되는 듯 보이지만 상호보완의 관계를 갖고 있다. 모든 공부는 직관에 논리성을 부여하는 것이다.

쉽게 암산하는 방법을 알려줄까? 살짝 바꾸면 돼!

조 선생   57−19를 계산하는 방법을 알아보려고 해.

아이   이런 계산하기 싫은데요.

조 선생   맞아. 나도 이런 계산하기 싫어. 그러니 계산하지 말고 방법만

생각해보자. 이런 계산도 방법만 알면 쉬워져.

아이   쉬워질 거 같지 않은데.

조 선생   답은 38이야. 계산하지 않아도 되니 방법만 생각해봐

아이   세로셈을 해요.

조 선생   보통은 그렇게들 할 거야. 근데 이게 영 재미없어서 해보자는

거지.

아이   맞아요. 57에서 10을 빼고 9를 빼요.

조 선생   그것도 뭐 별로인 것 같은데.

아이   57에서 9를 빼고 10을 뺀다고 하려 했는데, 별로라니 취소할게

요. 음, 그럼 57에서 20을 빼고 1을 더해줘요.

조 선생   와~ 짝짝짝. 이제 머리를 쓰기 시작했구나.

아이	이제 더 이상 생각나지 않아요. 57+19처럼 더하기였다면 좀 아는데.
조 선생	그래? 그럼 더하기 방법을 말해봐.
아이	그건 방법이 많아요. 57이 60이 되려면 19에서 3을 가져와요. 그니까 60+16요. 또 거꾸로 19를 20으로 만들어 56+20. 또는 60+20을 하고 나서 더해준 4를 빼는 거예요. 그니까 60+20−4.
조 선생	와! 이정도면 큰 수 더하기는 암산 좀 되겠는데.
아이	제가 좀 암산이 돼요. 근데 영 뺄셈은 정이 안 가요.
조 선생	그래? 그럼 오늘 쉽게 하는 법을 알려주면 많이 좋아하겠는 걸.
아이	정말 빼기도 쉽게 하는 법이 있는 거예요?
조 선생	아마 너도 알고 있는 건데 사용하지 않는 것일 걸.
아이	설마요. 제가 알면서 사용 안 하고 있다고요?
조 선생	너 아빠하고 나이 차이가 얼마나 나니?
아이	아빠가 43세이고 제가 11살이니 32살 차이가 나네요.
조 선생	그럼 내년에는 아빠하고 너하고 나이 차이가 얼마나 나니?
아이	에이, 알아요. 내년에도 똑같이 32살 차이가 나요.
조 선생	왜?
아이	아빠도 한 살 먹고, 나도 한 살 먹으니까요. 43−11이나 44−12나 같잖아요.
조 선생	그럼 작년에는 몇 살 차이가 났어?

아이	장난해요? 같다니까요.
조 선생	봐, 알고 있었잖아.
아이	아, 이걸 이용한다는 거예요? 57세 아빠와 19살의 아들 나이 차이로 본다는 거지요?
조 선생	그렇지. 빼기는 일의 자리끼리 빼기가 안 되니 힘들잖아.
아이	그니까 57−19를 58−20으로 보면 되네요. 대박!
조 선생	알아도 연습하지 않으면 안 하게 될 걸. 몇 개만 연습해보자.
아이	알았어요. 문제 내봐요.
조 선생	71−18은?
아이	73−20요.
조 선생	52−17은?
아이	55−20요.
조 선생	31−17은?
아이	34−20요. 와, 이제 십의 자리는 틀리는 일이 없어질 것 같아요. 보통 이런 문제를 세로셈으로 써서 풀면서 귀찮았거든요. 일의 자리는 조심하느라 틀리지 않았지만 자꾸 10의 자리의 수가 틀려서 짜증이 났어요.
조 선생	지금은 좋다고 생각해도 문제를 풀 때 자꾸 사용하지 않으면 원래대로 돌아간단다. 57−19의 방법을 몇 가지 적어볼 테니 왜 그런지 생각 좀 해봐라.
아이	네.

57−19를 계산하는 여러 가지 방법

1) 세로셈으로 한다.

2) 60−22로 한다.

3) 58−20으로 한다.

4) 50−12로 한다.

5) 57−10−9를 한다.

6) 57−9−10을 한다.

7) 57−7−12를 한다.

8) 57−20+1을 한다.

9) 58−1−19로 한다.

10) 19+19+19−19로 한다.

덧·뺄셈 빠르기 연습하기

앞뒷면에 10개씩 20문제, 하루에 5장 내외. 20까지의 숫자에 한 자리 숫자의 덧셈, 20까지의 숫자에 20까지 숫자의 뺄셈. 20문제를 40초 이내에 풀면 통과!

01 $7 + 8 =$

02 $14 + 9 =$

03 $7 + 5 =$

04 $16 + 7 =$

05 $8 + 18 =$

06 $13 + 9 =$

07 $7 + 6 =$

08 $8 + 17 =$

09 $5 + 18 =$

10 $8 + 16 =$

11 $13 - 6 =$

12 $15 - 7 =$

13 $17 - 15 =$

14 $12 - 5 =$

15 $13 - 7 =$

16 $21 - 4 =$

17 $15 - 8 =$

18 $16 - 7 =$

19 $13 - 5 =$

20 $11 - 7 =$

3. 구구단
_ 거꾸로 구구단을 계속 외워라

구구단은 보통 2학년이 시작되는 학년 초에 시작해 거의 일 년간 외우게 시켰다. 아이들은 2단, 5단, 3단, 9단은 곧잘 외우는데 특히 7단, 8단을 어려워한다. 구구단을 바로만 외워서는 아무 구구단이나 꺼내 사용하는 곱셈을 하기가 힘들다. 한 단 한 단 외우게 하고 잘 나오게 되면 다시 한 단 한 단 거꾸로 외우게 시킨다. 한 단을 일주일 내내 거꾸로 외우고, 아무거나 물어보아서 바로 나오면 그때 통과시켜 다음 단으로 넘어간다.

거꾸로 한 단 한 단 다 외우게 한 다음 답 없이 거꾸로 적힌 구구단 시트지를 꺼내놓고 앞으로 36초 안에 나오게 해보자고 하면 아이는 처음에는 안 된다고 한다. 지금 필자는 아마 34초나 35초 정도일 것이다. 가르친 아이 중에 거꾸로 외우기를 처음 시작한 날 가장 늦은 아이가 8분 56초였다. 점차 시간을 줄여가다가 가장 빠르게 한 최고기록은 23

초였다. 거꾸로 외우기를 시작한 첫날 걸리는 시간은 보통 1분 20초에서 1분 40초 정도다. 처음에 외우기 시작한 날의 시간은 중요치 않다. 최종으로 36초에 들어가면 되는 거 아닌가? 25년간 가르친 모든 아이가 그 시간 안에 들어갔다고 말해줘도 아이는 선뜻 믿지 못한다. 일주일에 한 번씩 체크하였고, 시간이 얼마나 흘러가든지 개의치 않고 반드시 36초 안에 들어가야 통과시켰다. 될 때까지 하면 된다는 무식한 심정으로 말이다. 스스로 몇 달 동안 연습해서 36초가 나오면 아이는 뛸 듯이 기뻐한다. 이렇게 빠르기를 연습시키면 아이에게 자신감을 심어줄 수 있다. 아이에게 말해준다. "네가 전교에서 구구단을 가장 빠르게 하는 아이일 거야!" 그러면 아이들은 내심 좋아하면서도 한마디 한다. "우리 학교에 선생님한테 배우는 아이가 또 있잖아요."

빠르기, 36초면 통과! 왜 36초지?

필자가 제시하는 숫자는 대부분 오랫동안 실험을 한 결과들이라서 정확하게 지켜주는 것이 좋다. 사실 구구단을 거꾸로 해서 40초대만 되어도 학부모가 보기에는 엄청 빨라 보인다. 그런데 뭔가를 연습할 때는 원상태로 돌아오려는 회복탄력성이라는 게 있다. 40초 정도에서 멈추면 몇 년 지나 중학교에서 다시 시켜보았을 때 1분대가 된다. 그런데 36초 이내로 끌어내리면 중학교에 가서도 거의 40초대가 된다. 어차피 연습하는 거 조금만 더해서 회복탄력성을 깨고 효과가 지속되게 하려는 것이다.

곱셈과 곱하기

'2+2+2+2+2+2+2+2+2+2'를 하라고 했을 때 꼼꼼하게 푼다고 하나하나 더해가는 아이는 없을 것이다. '같은 수의 더하기'가 곱하기임을 아는 아이라면 당연히 2가 10개 더해져 있으니 '2×10=20'이라고 암산으로 풀 것이다. 이처럼 곱하기는 같은 수의 더하기가 귀찮아서 빨리 더하려고 만들어진 것이다.

처음 곱셈을 배울 때, '왜 하필이면 같은 수를 더할까?' 아니면 '과연 그런 경우가 많을까?'라는 생각이 들 만큼 같은 수를 더하는 것은 덧셈의 특수한 경우다. 이 특수해 보이는 경우가 학년을 거듭해가며 4학년쯤 되면 얼마나 많은지 실감하게 된다. 처음 배울 때는 아주 특수한 것처럼 보이지만 점차 그 특수해 보이는 것의 안으로 들어가면 얼마나 넓은지를 알게 되는 경우가 많다. 많은 아이들이 문제를 풀면서 조금 특수해 보이면 '특수한 상황'과 '중요하지 않은 것'을 일치시키려는 경향이 있어서 하는 말이다. '많은 수의 더하기를 빨리 할 수 있는 유일한 방법'이 곱하기(×)밖에 없다는 것까지 인식하면 더욱 좋겠다.

곱하기(×): 같은 수의 더하기가 귀찮아서 만들어진 것

으잉? ×0?

이번에는 0을 여러 번 더해보자. '0+0+0+0+0'의 답은 0이다. 역시 곱하기로 바꾸면 0×5이다. 0에 몇 번이고 0을 더해도 그 결과는 0이다. 더하기와 곱하기는 항상 자리를 바꾸어서 더하거나 곱해도 된다고 했다. 따라서 0×5의 자리를 바꾸어서 5×0으로 본다면 5를 0번 더한 것이고 이 역시 0이 된다. 그래서 어떤 수든 0을 곱하면 모두 0이 된다. 어떤 수도 된다고 하였으니 당연히 0×0도 된다. 여기까지는 설명하지 않아도 아이들이 잘 알 것이다.

그런데 그 역들은 대부분 생각해보지 않았을 것이다.

첫째, 두 수를 곱해서 0이 된다면 그 경우는 0×5, 5×0, 0×0에서 볼 수 있듯이 두 수 중에 적어도 하나는 0이어야 한다. 이것이 중3 인수분해의 핵심원리다.

둘째, 0이 아닌 두 수를 곱했을 때는 절대로 0이 나올 수 없다는 사실이다. 이런 경우는 대부분 계산의 오류로 생기는 경우가 많지만 잘못된 답을 알아채기 위해서도 '0의 성질'을 이해해야 한다.

수학에서 0은 무척 중요한 수이다. 초등학생들이 0에다 뭔가를 곱하면 0이 되고 어떤 수에 0을 더하면 더하나마나 하니 0을 무척 좋은

수라고 인식한다. 그러나 뭐든 0과의 연산은 0이라고 생각하게 되는 것은 큰 문제다. 0은 중요하고 또 무척 어려운 수이다. 0은 중학교에서는 간간히 오답을 일으키는 수준이지만 고등학교에 가서는 0 때문에 많은 혼란을 겪게 된다. 당연히 중요하니 매년 수능에도 출제된다. 연산에도 0이 있어 잠깐 언급한 것일 뿐, 나중에 개념을 다룰 때 보다 정확하게 설명할 것이다. 0과 관련된 것을 배울 때는 대충할 생각을 버리고 하나하나 개념을 정확하게 해야 한다.

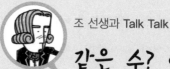

같은 수? 여러 번 더해?
그럼 무조건 곱하기!

조 선생   이 뭐야?

아이   곱하기요.

조 선생   아니야.

아이   그럼 뭐예요?

조 선생   배꼽이야.

아이   ㅋㅋㅋ

조 선생   맞아. 곱하기야. 곱하기는 어떻게 해서 만들어졌어?

아이   같은 수의 더하기가 귀찮아서요.

조 선생   배꼽은 어디에 있어?

아이   배요.

조 선생   배가 뭐야?

아이   곱하기요.

조 선생   '12의 3배'가 무슨 뜻이야?

아이   36이요.

조 선생   아니, 무슨 뜻이냐고?

아이   12×3이요.

조 선생   12×3을 더하기로 바꾸면?

아이   12+12+12요.

조 선생 $\frac{1}{3}$×3을 더하기로 바꾸면?

아이 $\frac{1}{3}+\frac{1}{3}+\frac{1}{3}$이요. (아이가 잘 못할 수도 있으나 한두 번 보여 주면 된다.)

조 선생   직접 더하면?

아이 $\frac{3}{3}$요.

조 선생 $\frac{3}{3}$이 뭔데?

아이   뭐긴 뭐예요? 아, 1이요.

조 선생 $\frac{4}{4}$는 뭔데?

아이   1이요.

조 선생 $\frac{5}{5}$는 뭔데?

아이   1이요.

조 선생 $\frac{17}{17}$은 뭔데?

아이   1이요. 언제까지 낼 건데요?

조 선생   좋아. 그럼 $\frac{x}{x}$는 뭔데?

아이   1이라니까요?

조 선생   왜 그런데?

아이   분모와 분자가 같잖아요.

조 선생 $\frac{x}{x}$를 x라고 하거나 없어졌다고 하는 중학생들도 많아. 모르는 수에서 모르는 수를 나누었으니 모른다고 한 거지.

아이   없어졌다는 것은 무엇 때문이에요?

조 선생   약분은 나중에 5학년에서 배우는데, 약분을 제대로 이해하지
         못했기 때문이야. 어떤 문제를 푸는 방법은 많기 때문에 너처
         럼 각각을 하나하나 다 알아가면 오답을 막을 수 있지.

조 선생 $x \times 3$을 더하기로 바꾸면?

아이 $x+x+x$요.

조 선생   으와, 중학교 내용인데 어떻게 알았어?

아이   저는 똑똑하니까요.

조 선생 $x+x+x$를 곱하기로 바꿀 수 있어?

아이   당연히 $x \times 3$이지요.

조 선생   왜?

아이   같은 수의 더하기니까 곱하기로 바꾼 거지요.

조 선생 $x+x+x$에서 각각의 x들이 같은 거야?

아이   다른 것들이에요?

조 선생   아니, 묻는 거야.

아이   당연히 같지요.

조 선생   그래, 같은 문제에서 쓰이는 x는 서로 같은 거야. 모르는 거니
         모른다는 생각으로 흘러가면 안 돼. '모르는 수지만 같은 것'이
         란 생각을 가지라고 중학교 문제지만 물어본 거야.

아이   모르는 수지만 같은 것이라.

조 선생 중학교 3학년 것도 물어볼까? $\sqrt{5}+\sqrt{5}+\sqrt{5}$ 는 뭐야?

아이 저게 뭔지는 모르겠지만 $\sqrt{5} \times 3$이겠네요.

조 선생 똑똑한데.

아이 선생님, 고등학교 것도 내봐요!

조 선생 알았어? $2^x + 2^x + 2^x$ 는 뭐야?

아이 $2^x \times 3$요.

조 선생 자연수든 분수든 설사 모르는 그 무엇이든 같은 수의 더하기는 항상 곱하기로 만들 수 있다는 것을 알고 있으면, 중학교와 고 등학교에서도 계속 그것을 사용한다는 것을 알려주고 싶었어.

아이 정말 같은 게 계속 쓰이네요.

거꾸로 구구단 외우기

36초 내에 다 외우면 통과!

9 × 9 =	6 × 9 =	3 × 9 =
9 × 8 =	6 × 8 =	3 × 8 =
9 × 7 =	6 × 7 =	3 × 7 =
9 × 6 =	6 × 6 =	3 × 6 =
9 × 5 =	6 × 5 =	3 × 5 =
9 × 4 =	6 × 4 =	3 × 4 =
9 × 3 =	6 × 3 =	3 × 3 =
9 × 2 =	6 × 2 =	3 × 2 =
9 × 1 =	6 × 1 =	3 × 1 =
8 × 9 =	5 × 9 =	2 × 9 =
8 × 8 =	5 × 8 =	2 × 8 =
8 × 7 =	5 × 7 =	2 × 7 =
8 × 6 =	5 × 6 =	2 × 6 =
8 × 5 =	5 × 5 =	2 × 5 =

$8 \times 4 =$　　　　$5 \times 4 =$　　　　$2 \times 4 =$

$8 \times 3 =$　　　　$5 \times 3 =$　　　　$2 \times 3 =$

$8 \times 2 =$　　　　$5 \times 2 =$　　　　$2 \times 2 =$

$8 \times 1 =$　　　　$5 \times 1 =$　　　　$2 \times 1 =$

$7 \times 9 =$　　　　$4 \times 9 =$

$7 \times 8 =$　　　　$4 \times 8 =$

$7 \times 7 =$　　　　$4 \times 7 =$

$7 \times 6 =$　　　　$4 \times 6 =$

$7 \times 5 =$　　　　$4 \times 5 =$

$7 \times 4 =$　　　　$4 \times 4 =$

$7 \times 3 =$　　　　$4 \times 3 =$

$7 \times 2 =$　　　　$4 \times 2 =$

$7 \times 1 =$　　　　$4 \times 1 =$

4. 곱셈
_ 학교교육의 최대 약점은 빠르기다

대충 하면 고등수학을 흔드는 빠르기

수학시험에서 빨리 푼다고 점수를 더 주는 것은 아니다. 정확도 즉 점수를 위주로 가르치는 학부모가 빠르기에 신경 쓰지 않는 이유이기도 하다. 그러나 빠르기를 소홀히 하면 수학을 싫어하는 가장 큰 원인이 된다. 어느 정도 하면 초등학교 때는 별 상관이 없어 보일지도 모른다. 그러나 초·중등 수학의 목표는 모두 고1이라고 했던 것을 기억하자. 초등학교나 중학교에서 잘했었는데 고등학교에서 주어진 시간 내에 문제를 풀지 못한다면 잘못 공부한 것이라 생각해야 한다.

수학의 빠르기 효과는 본격적으로 식이 길어지는 중2 연립방정식(5~6개의 암산 요구)에서 시작되며 피크를 이루는 고등학교 1학년(10개 정도의 암산 요구) 때 그 진가를 발휘한다. 고등에서 누구는 1~2분

만에 한 문제를 푸는데, 누구는 한 문제에서 10~20분이 걸리며 그렇게 오랫동안 풀어도 오답률은 훨씬 높다. 한 문제로 보니 그렇지 느린 아이가 하루 종일 푼다 해도 빨리 푸는 아이의 1~2시간 분량도 안 되는 것이 사실이다. 문제는 잘하는 아이의 1~2시간 분량을 공부했다고 생각하는 것이 아니라 '하루 종일 공부했는데도 난 역시 안 되나 보다.'라고 아이 스스로 포기하게 되는 것이다. 문제 푸는 속도가 느리면 같은 시간을 공부해도 뒤처질 수밖에 없다. 완성하기까지 1~2년밖에 걸리지 않는 빠르기를 도외시하면 길게 보고 공부해야 하는 수학에서 치명타가 될 수 있다.

빠르기가 창의력에 손상을 주면 어쩌나 싶은 분들이 있는데 너무 걱정할 필요는 없다. 창의력은 한마디로 조합능력이고, 기본 개념만 튼튼하다면 곧 다양한 조합을 만들어낼 수 있기 때문이다. 수학이 아이들에게 요구하는 것은 주어진 시간 내에 빠르고 정확하게 푸는 것이다. 굳이 수학의 창의력을 논하려거든 각 개념을 더욱 튼튼히 해나가는 것이 더 좋은 방법이다.

흔히 수학은 논리적인 학문이니 이해해야 한다고 말한다. 그렇게 말하면서도 구구단을 36초 이내에 해야 하고, 곱셈과 나눗셈 역시 바로바로 튀어나와야 한다고 강조한다. 논리만큼이나 빠르기가 중요하다는 뜻이다. 예를 들어 3×8은 3을 8번 더한 것이다. 3을 8번 더하는 것을 안다 하여 매번 일일이 더할 수는 없다. 더군다나 12÷2 같은 나눗셈에서 논리는 더욱 빛을 잃는다. 물론 구구단을 잘 외운 아이는 답을 잘 찾는다. 그런데 만일 아이가 모른다고 한다면 어떻게 가르칠 것인가? 2단 구구를 해서 12가 나오는 6이란 답을 찾도록 해주는 것은 논리적이지도 않고, 시행착오를 통한 문제를 푸는 방법일 뿐 원리를 알려주는 것도 아니다. 12÷2는 '12에서 2를 몇 번이나 뺄 수 있을까?'를 묻는 것이다. 문제는 '몇 번이나'와 같은 말을 논리적이라고 할 수 있느냐는 점이다. 12에서 2를 0이나 2보다 작은 수가 될 때까지 계속 빼가는 것을 보여줄 수는 있다. 하지만 나눗셈을 할 때마다 이렇게 생각하며 문제를 풀 수는 없다.

머릿속에 가지고 있는 여러 개념 중 필요한 것을 꺼내 오는 것이 논리적인 사고만으로 가능하지는 않다. 수학의 문제풀이 과정은 논리의 연속이고, 논리와 논리 사이는 직관이 메워준다. 곱셈과 나눗셈을 빠르게 연습해서 직관적으로 나오게 하는 것은 논리가 아니라 수학적 감각이고 직관이다. 빠르기를 기른다고 의미도 모르는 상태에서 무조건 외우라는 것은 아니다. 구구단이나 암산력도 이해가 선행되면 좋겠지만 이해로 모든 것을 커버할 수는 없다는 말이다. 대신 먼저 빠르게 해주고 적용하는 과정에서 얼마든지 이해시킬 수 있다. '빠르기'에 대해서만은 이해보다 연습이 우선이다.

학교수학은 가르치는 것과 평가가 왜 다를까?

학교수학은 고지식하게 연산의 알고리즘대로 가르친다. 세로셈의 덧셈에서 받아올림이 1이라는 수 하나까지도 다 쓰게 한다. 이러니 당연히 두 자릿수 곱하기 한 자릿수도 받아올림을 모두 쓰게 한다. 분수의 연산에서도 알고리즘대로 모두 쓰게 하고, 심하면 이것을 쓰지 않았다고 오답 처리한다. 학교수학은 아이가 암산하는 것을 원천적으로 차단한다. 물론 연산의 알고리즘은 학생 모두를 가르치기에 좋고 특히 못하는 아이를 지도하기에 적합하다. 그러나 잘하는 아이를 더 잘하게 만들지는 못한다. 필자가 보기에는 못하는 아이는 중간으로 끌어올리고 잘하는 아이는 중간으로 끌어내려서 모두 중간으로 만들었는데, 중간 정도의 실력이 수학이 요구하는 수준이 아니라서 모두 포기하게 만드는 것처럼 보인다.

교과서 집필진은 수학자이며 수학자에게 수학의 빠르기는 필요 없다. 수학자에게는 문제를 한 시간 만에 풀었느냐 한 달 만에 풀었느냐는 의미가 없으며 얼마나 논리적으로 풀었느냐가 중요하다. 어려운 문제를 끝까지 풀라고 말하지만 빨리 풀라고는 하지 않는다. 그러나 현실적으로 대부분의 학생이 수학을 배우는 목적은 수학자가 되기 위해서가 아니라 시험을 잘 보기 위해서다. 내신시험 50분 만에 30문제를 풀거나 수능 100분 만에 30문제를 풀어내야 하는 것이다. 하지만 보다시피 수학의 빠르기는 철저히 무시되고 있다. 수학자가 요구하는 대로 하려면 문제 수를 줄이고 시험시간을 훨씬 더 길게 해야 한다. 그렇게 변하기 전에는 빠르기가 앞으로도 계속 필요하다고 본다.

두 자릿수 곱하기 한 자릿수에서 필자가 요구하는 대로 하면 3개의 암산을 하게 된다. 거기에 그 후 분수의 암산이 더해지면 4~5개의 암산이 된다. 이것이 중2의 연립방정식에서 5~6개의 암산으로 이어지고, 중3에서 인수분해를 하면서 6~7개로 늘어난다. 그러면 고1에서 요구하는 10개 이상의 암산이 가능해진다. 이런 일련의 과정을 보면 두 자릿수 곱하기 한 자릿수에서 3개의 암산과 분수에서 4~5개의 암산은 필수다. 두 자릿수 곱하기 한 자릿수에서 3개의 암산은 첫 단추라서 이 부분을 하지 않으면 분수 4~5개의 암산으로 이어지기 어렵다. 특히 분수에서의 충분한 연습은, 중·고등학교에서 필요로 하는 수감각은 물론이고 중3의 인수분해로 연결시키는 직접적인 고리 역할을 한다. 그래서 초등에서 분수의 연산을 충분히 하지 않은 절반 이상의 중3 아이들이 수학을 포기하게 되는 것이다. 중3 인수분해에서 충분한 연습을 하지 않고 개념도 잡지 않은 많은 아이들이 고등수학을 포기하게 된다. 이런 상황을 보면서도 아무도 얘기하는 사람이 없어 안타까울 뿐이다.

수학의 개념은 가르치지 않아서 문제지만 빠르기는 언급조차 없다. 오히려 학교수학을 통해 빠르기를 죽이는 작업을 지속하고 있는 형편이다. 거듭 말하지만 교과서에서 요구하는 수준으로 해서는 안 된다. 따라서 부득이 수학의 빠르기만은 학교수학에 의존하지 않고 부모의 노력이나 사교육의 도움을 받을 수밖에 없다. 아이들 말로는 학교에서는 안 가르쳐도 될 만한 쉬운 것들만 가르치고 시험은 배우지도 않은 난이도 높은 문제를 낸다고 볼멘소리를 한다. 어려운 문제를 출제하는 것이 문제라는 것이 아니라, 제대로 가르치고 그 안에서 문제를 낸다면 학교 선생님의 말씀에 더 귀를 기울이고 공교육이 살 기회를 찾을 수 있을 거라고 말하고 싶다. 학교수업은 50분씩으로 집중력을 늘리는 작업을 하지 않고 있다가, 그 평가인 수능은 시험 시간이 80분, 100분씩이다. 가르치는 것과 요구하는 것이 다르다고 말하지 않을 수 없다.

학년마다 달라지는 빠르기 연습방법

정규 과정대로라면 1학년의 암산력, 2학년의 구구단, 3학년의 곱하기와 나누기로 평생 써먹을 수학의 원천인 빠르기가 끝난다. 이때까지 빠르기를 해주었다면 아이는 평생 수학을 빨리 풀 수 있게 되고 그 반대라면 결과 또한 반대일 것이다. 이 글을 읽고 있는 학부모의 수학 빠르기도 아마 초등 3학년 때 결정되었을 것이다. 만약 슈퍼마켓 등을 하여 계산을 자주 하는 직업을 갖더라도 거의 빨라지지 않는다. 사실 수학의 빠르기는 언제라도 강화시켜 줄 수 있지만 연습할 시간을 충분히 갖지 못한 채 대충 넘어갈 가능성이 높다. 만약 4학년 말이나 5학년이라면 자연수의 암산력 강화에만 치중하다가 제일 중요한 분수를 배울 시간이 부족하게 된다. 빠르기를 못해 자연수 연산이 느린 것은 고생스러운 일일 뿐이지만, 분수를 못하게 되면 수학 자체를 계속 해나갈 수가 없게 된다는 것을 알아야 한다. 따라서 되도록 3학년 때 빠르기를 끝내는 것이 좋다.

그래도 4학년이라면 아직 암산력부터 시작해서 빠르기를 연습할 시간이 있다. 4학년의 제 과정인 큰 수의 연산을 접고 암산력과 구구단부터 길러서 빠르기를 완성하는 데 최소 1년에서 1년 반이 걸린다. 그러고 나서 곧장 분수로 진입하면 된다. 5학년이라면 암산력부터 길러 줄 시간이 없고 곱셈과 나눗셈으로 진도를 잡든가, 심각한 수준이 아니라면 빠르기를 접고 곧바로 분수를 해야 한다. 5학년인데 연산이 심각하게 부족하다면 오프라인에서 해줄 수 있는 교육체계는 존재하지 않는다. 이런 상황이라면 이 책의 4부를 참고하기 바란다.

곱셈 빠르기를 끝내기 위한 처방

암산력과 구구단이 빨리 나오도록 선행되어야 하겠지만, 빠르기를 연습할 수 있는 곳은 큰 수가 아니라 역시 작은 수의 곱셈과 나눗셈이다. 보통 초등 3학년의 두 자릿수 곱하기 한 자릿수, 두세 자릿수 나누기 한 자릿수에서 수학의 원천인 빠르기가 완성된다. 원천 빠르기라고 한 것은 분수나 방정식의 풀이를 거치면서 좀 더 기술적인 빠르기가 남아 있기 때문이다. 물론 기술적 빠르기는 당연히 원천 빠르기의 영향권 내에 있다. 곱하기나 나누기를 잘하지 못한다고 큰 수의 연산을 계속 연습시키는 것을 흔히 본다. 이는 축구를 하다 선제골을 먹었을 때, 만회를 위해서 전력질주를 하다가 더 많은 실점을 하는 것과 같다. 수학에서의 큰 수는 확장의 한 갈래일 뿐 중요한 수가 아니다. 큰 수의 곱셈이 걱정되면 이를 튼튼히 한 후 할 수 있는가만 확인하면 된다.

만약 원천 빠르기가 안 된 아이에게 큰 수의 연산만 계속 시키면 결국 수학을 싫어하게 되고, 연산의 최대 독인 대충병에 걸리게 된다. 곱셈을 할 때는 두 자릿수 곱하기 한 자릿수만 반복하고 당분간 초과되는 수를 하면 안 된다. 이것이 완성된 아이는 세 자릿수의 곱셈을 쉽게 받아들일 것이다. 두 자릿수 곱하기 두 자릿수 이상은 방법만 익히면 된다.

시중의 연산학습지를 이용하는 방법

시중의 연산학습지를 이용해서 빠르기를 해줄 수 있다. 먼저 곱셈은 두 자릿수 곱하기 한 자릿수를 한 권 정해서 같은 학습지를 여러 번 요구 수준이 될 때까지 푼다. 이때 받아올림 수를 적지 않고 암산해야 한다. 빠르기가 목표 수준에 도달되면 세 자릿수 곱하기 한 자릿수, 네 자릿수 곱하기 한 자릿수, 두 자릿수 곱하기 두 자릿수는 각각 10장씩 뜯어서 한두 번 풀 수 있으면 된다.

두 자릿수 곱하기 한 자릿수를 할 때의 유의 사항

첫째, 반드시 아래에서 위로 곱하되 올림수를 암산해야 한다.

보통 곱셈에서 2, 3, 4, 5단 정도의 저단이거나 곱의 일의 자릿수가 10을 벗어나지 않으면 빨리 할 수 있지만 그렇지 않으면 늦어진다.

① 반드시 아래에서 위쪽으로 곱해야 한다. 4×8이 안 나온다고 8×4로 해서 안 된다. 32에서 일의 자릿수인 2를 먼저 쓰고 십의 자릿수인 3을 기억한다. 원래는 30이지만 십의 자리에서는 3이기 때문이다.

② 이제 십의 자리를 계산한다. 4×7인 28에 기억한 3을 더하여 31을 쓴다. 이때 많은 아이들이 일의 자리인 8과 3을 더하다가 십의 자릿수를 잊어버린다. 반드시 28 더하기 3을 해야 한다. 여기서 어려워하면 28이 30이 되려면 3에서 2를 주어 30이 되고, 1이 남으니 31이 된다고 계산해야 암산이 된다. 반드시 이 부분을 지켜야 하는데, 이것을 지키지 않으면 암산력이나 구구단을 사용하지 않는 것으로 지금까지의 노력을 수포로 돌리는 것이다. 올림수가 있는 두 자릿수의 곱셈을 해가며 올림수와 십의 자리의 곱의 합을 암산 처리할 수 없다면 빠르기는 형성되지 않는다. 받아올림 수를 식에 적으면 당장은 정확도가 높아지

겠지만 길게 보면 이것 때문에 느려진다. 이 과정을 거치면 머릿속에서 3개를 암산하는 효과를 가져오고, 이는 다시 분수에서의 암산을 도와준다. 위 계산에서 보듯이 곱셈의 빠르기를 위해서는 어떤 구구단이든 잘 나와야 하고 덧셈의 암산이 필요하다. 이 중에 어느 하나라도 부족하면 절대 빨라질 수 없다. 만약 부족 부분이 있다면 반드시 그것부터 채워 올라와야 한다. 아무리 바빠도 바늘을 허리에 묶어 쓸 수는 없다.

둘째, 3학년 말을 기준으로 20문항을 1분 20초 안에 끝낼 수 있어야 한다. 몇 초를 더 줄이는 것이 지금 당장은 별것 아닌 듯 보여도 나중에는 큰 차이로 나타난다. 그렇지 않아도 다급한 4~5학년에서 어느 정도의 속도와 정확성에 안주하여 '이 정도면 되겠지.'라고 생각할 수 있다. 하지만 달구어진 쇠를 몇 번 더치는 것과 쇠가 다 식은 뒤에 여러 번 더 치는 것은 큰 차이가 있다. 한 번 살린 기회를 좀 더 이용할 필요가 있다. 시간을 줄이기 위해 몇 번 더하는 것이 큰 노력을 요하는 것이 아니니 목표를 낮게 잡지 않았으면 좋겠다.

셋째, 두 자릿수 곱하기 한 자릿수를 연습하면서 구구단 거꾸로 외우기를 통과하지 못했다면 계속해서 연습해야 한다.

넷째, 거꾸로 구구단이 통과되면 뭇창을 연습해야 한다. 뭇창이 잘 나와야 나눗셈이 빨라지고 약수 찾기가 쉬워진다.

다섯째, 자연수의 제곱수를 연습시켜야 한다.

덧셈과 곱셈의 혼동 잡기

초등학생인데 문장제든 뭐든 덧셈과 곱셈이 혼동되지 않으니 된 거 아니냐고? 맞다. 거듭제곱을 배우지 않은 초등학교에서라면 덧셈과 곱셈은 헷갈리지 않는다. 오히려 그보다는 곱셈과 나눗셈의 혼동이 더 많을 것이다. 그런데 중학교에 가면 곱셈과 나눗셈의 혼동은 더 이상 없다. 앞서 말한 것처럼 나누기는 분수로 만들어지고 '항'을 배우면 빼기가 없어져서 모든 식은 덧셈과 곱셈으로만 이루어지기 때문이다. 곱셈과 덧셈의 혼동이 없다면 중학교 수학도 잘할 것이다. 그러나 지금은 헷갈리지 않지만 앞으로 헷갈릴 것을 대비해서 필자는 아이들이 다음과 같은 문제들을 풀도록 시킨다. 특히 $2 \times 2 \times 2 = 8$이 혼동되지 않도록 엄청 물어본다.

같은 수의 더하기는 곱하기로!

같은 수의 곱하기는 거듭제곱으로!

Q. (1) $2+2+2=$　　　　(2) $2 \times 2 \times 2=$

(3) $2+2+2+2=$　　　　(4) $2 \times 2 \times 2 \times 2=$

(5) $3+3=$　　　　(6) $3 \times 3=$

(7) $3+3+3=$　　　　(8) $3 \times 3 \times 3=$

(9) $3+3+3+3=$　　　　(10) $3 \times 3 \times 3 \times 3=$

(11) 5+5=

(12) 5×5=

(13) 5+5+5=

(14) 5×5×5=

(15) 5×5×5×5=

답

(1) 6 (2) 8(반드시 외워야 한다.) (3) 8 (4) 16(4×4로 계산해야 한다.) (5) 6 (6) 9 (7) 9 (8) 27 (9) 12 (10) 81(9×9로 계산해야 한다.) (11) 10 (12) 25 (13) 15 (14) 125 (15) 625(190쪽 7개 소수 외우기를 통해서 외워야 한다.)

이런 문제들을 연습시키는 것을 문제집에서 본 적이 없을 것이다. 그 이유는 위 문제들이 초등학교도 중학교 문제도 아니라 어디에도 넣을 수 없기 때문이다. 아이들은 모든 것을 머릿속에서 처리하려는 경향이 강해서 연습하지 않으면 오답의 원인이 된다. 하나하나 꼼꼼히 계산하라거나 감각을 탓하기보다는 그냥 연습시키는 편이 더 낫지 않을까?

앞으로 쭉 써 먹을
같은 수의 곱을 외워보자

조 선생   같은 수의 곱을 공부해보자. 0×0은 뭐야?

아이   0이요.

조 선생   0×0×0은 뭐야?

아이   0이요.

조 선생   0을 100번 곱하면 뭐야?

아이   알아요. 0이요.

조 선생   1×1은 뭐야?

아이   1이요.

조 선생   1×1×1은 뭐야?

아이   1이요.

조 선생   그러면 1을 100번 곱하면 뭐야?

아이   100이요.

조 선생   그래? 그러면 1을 3번 곱하면 뭐야?

아이   아, 1이요. 100번 곱해도 1이에요.

조 선생   조심해야 돼. 2×2는 뭐야?

아이   4요.

조 선생   2×2×2는 뭐야?

아이   이제 안 속아요. 8이요.

조 선생   3×3은 뭐야?

아이   9요.

조 선생   4×4는 뭐야?

아이   16이요.

⋮

조 선생   9×9는 뭐야?

아이   81이요.

조 선생   10×10은 뭐야?

아이   100이요.

조 선생   10×10×10은 뭐야?

아이   3000이요.

조 선생   그래? 그러면 1×1×1은 뭐야?

아이   알았어요. 1000이요.

조 선생   11×11은 뭐야?

아이   121이요.

조 선생   12×12는 뭐야?

아이   144요.

조 선생   13×13은 뭐야?

아이   169요.

조 선생   14×14는 뭐야?

아이   196이요.

조 선생   15×15는 뭐야?

아이   225요.

조 선생   16×16은 뭐야?

아이   256이요.

조 선생   17×17은 뭐야?

아이   289요.

조 선생   18×18은 뭐야?

아이   324요.

조 선생   19×19는 뭐야?

아이   361이요.

조 선생   20×20은 뭐야?

아이   400요.

조 선생   60×60은 뭐야?

아이   360요.

조 선생   그래? 그럼 60×60을 직접 곱해봐!

아이   알았어요. 3600이요.

조 선생   마지막 질문이야. 만 곱하기 만은 뭐야?

아이   억이요.

조 선생   억은 몇 자릿수야?

아이   9 자릿수요.

조 선생   왜?

아이   만에는 0이 4개이니 만 곱하기 만은 0이 8개가 되는데 앞에

          1이 있어서 9 자릿수가 돼요.

곱셈 빠르기 연습하기

앞뒷면에 10개씩 20문제, 하루에 5장 내외, 두 자리 숫자에 한 자리 숫자의 곱셈. 20문제를 1분 20초 내에 풀면 통과!

01
$$\begin{array}{r} 4\ 3 \\ \times\quad 3 \\ \hline \end{array}$$

02
$$\begin{array}{r} 5\ 2 \\ \times\quad 4 \\ \hline \end{array}$$

03
$$\begin{array}{r} 3\ 7 \\ \times\quad 6 \\ \hline \end{array}$$

04
$$\begin{array}{r} 7\ 6 \\ \times\quad 2 \\ \hline \end{array}$$

05
$$\begin{array}{r} 3\ 3 \\ \times\quad 5 \\ \hline \end{array}$$

06
$$\begin{array}{r} 3\ 4 \\ \times\quad 9 \\ \hline \end{array}$$

07
$$\begin{array}{r} 6\ 8 \\ \times\quad 4 \\ \hline \end{array}$$

08
$$\begin{array}{r} 3\ 2 \\ \times\quad 8 \\ \hline \end{array}$$

09
$$\begin{array}{r} 8\ 8 \\ \times\quad 7 \\ \hline \end{array}$$

10
$$\begin{array}{r} 2\ 3 \\ \times\quad 6 \\ \hline \end{array}$$

11	48
	× 3

12	75
	× 7

13	78
	× 9

14	86
	× 2

15	55
	× 5

16	44
	× 9

17	77
	× 4

18	38
	× 8

19	87
	× 7

20	36
	× 6

답

(1) 129 (2) 208 (3) 222 (4) 152 (5) 165 (6) 306 (7) 272 (8) 256

(9) 616 (10) 138 (11) 144 (12) 525 (13) 702 (14) 172 (15) 275 (16) 396

(17) 308 (18) 304 (19) 609 (20) 216

5. 몫창과 약수 찾기
_ 수감각을 위한 필수조건이다

구구단을 연습하는 순서는 순창, 역창, 분산창, 몫창이다. 바로 외우는 것을 순창, 거꾸로 외우는 것을 역창, 아무 구구단이나 물어보는 것을 분산창, 어떤 수의 몫이 될 수 있는 수를 말하는 것을 몫창이라고 부른다. 거꾸로 구구단 한 번에 외우기를 36초 이내로 줄였다면 순창과 역창까지 한 것이 된다. 그다음으로 아무거나 물어보는 분산창을 하는 것이 순서다. 곱셈은 분산창하듯이 아무거나 물어보니 분산창을 해주면 도움이 된다. 그런데 분산창은 '구구단을 외자! 삼팔?' 같은 놀이 형태가 아니면 재미없다. 학부모가 몇 번은 해줄 수 있지만 지속하기는 어려울 것이다. 그래서 필자도 분산창을 건너뛰고 곧바로 몫창을 연습시켰다.

수감각을 위한 수분해 – 몫창

거꾸로 구구단을 36초 이내로 하는 것을 보면 엄청 빨라서 이제 구구단은 완성된 것처럼 보이지만 사실 완전한 것이 아니다. 많은 아이들이 21, 24, 28, 32, 63, 64가 나오는 구구단을 아직도 헷갈려 한다. 이를 다시 한 번 연습하는 것이 몫창이고, 이것까지 되어야 나눗셈까지 할 수 있는 구구단 외우기가 된 것이다. 몫창은 어떤 수의 몫이 될 수 있는 수를 말하는 것으로 예를 들어 12라는 수가 있다면 12÷2=6, 12÷6=2, 12÷3=4, 12÷4=3에서 몫이 되는 수인 6, 2, 4, 3을 찾는 것이다. 그래서 가르치는 방법은 만약 엄마나 가르치는 사람이 '12'라고 말하면 아이가 구구단 범위인 '이 육 십이, 육 이 십이, 삼 사 십이, 사 삼 십이'를 바로 말할 수 있도록 연습하는 것이다. 눈치 챈 사람도 있겠지만 사실 약수 찾기와 동일하다. 이제 구구단을 막 배웠고 약수가 뭔지 모르니 구구단 범위에서 하는 것이다.

나중에 12의 약수를 공부하면서 '일, 십이(1과 12)'를 추가하면 약수 공부가 끝난다. 이 연습을 하면 12라는 숫자와 나누는 숫자인 2를 보면 6이라는 숫자가 직관적으로 머릿속에 떠오른다. 나눗셈이 빨라질 수밖에 없다. 만약 곱셈과 몫창이 잘 나오는데도 불구하고 생각보다 나눗셈이 느리다면 빼기가 잘 안 되는 경우다. 나눗셈으로 뺄셈을 보강할 수 있는 기회로 삼아야 할 것이다. 이처럼 몫창은 당장 나눗셈과 약수를 찾는 데도 도움이 되지만 5학년에 나오는 약분을 잘 할 수 있도록 도와주고, 또 중1에서 수를 분해하는 소인수분해를 직관적으로 할 수 있게 만든다. 몫창 하나를 연습하여 나눗셈, 약수, 약분, 소인수분해까지 빠르게 할 수 있는 일석다조의 기회다.

거꾸로 구구단이 36초 이내가 나오면 그다음 곧바로 몫창을 시작하여 나눗셈이 끝날 때까지 지속해주는 것이 좋다. 몫창에 쓰이는 숫자는 더 있지만 내가 아이들에게 사용하는 숫자는 8, 12, 15, 16, 18, 21, 24, 28, 32, 36, 42, 48, 49, 54, 56, 63, 64, 72, 81이다. 한꺼번에 하는 것이 어려우면 일주일에 4개 단위로 계속 추가하며 외우게 한다.

몫창을 잘하면 여기에 추가하여 거듭제곱을 물어보자. 영영은? 일일은? 이이는? 삼삼은? 사사? 오오? 육육? 칠칠? 팔팔? 구구? 십십? 십일십일? 십이십이? 십삼십삼? … 등을 계속 물어보며 외우도록 한다. 거듭제곱도 다목적용이다.

첫째, 두 자릿수 곱하기 두 자릿수는 직접 곱하게 하여 곱하는 순서와 자릿수를 쓰는 곳을 잊지 않게 한다.

둘째, 정사각형의 넓이를 보고 한 변의 길이를 알게 해준다.

셋째, 소인수분해에 도움이 된다.

넷째, 중3의 거듭제곱근을 공부할 때 어차피 외워야 하니 미리 연습해서 나쁠 게 없다.

배수와 약수 찾기를 3~4학년에서 하면 어떨까?

자연수에서 배운 것은 모두 분수에 녹아들어가 사용된다. 배수와 약수도 자연수의 곱셈과 나눗셈에 관련되어 있으며, 교과서는 이를 연습하는 시기를 분수의 사칙계산으로 잡고 있는 것으로 보인다. 그래서 초등 5학년 교과서에서는 뒤늦게 배수와 약수를 배우고 곧장 최대공약수와 최소공배수를 배운다. 그리고 나서는 분수에 곧바로 적용하니 무척 어렵게 받아들이다 수학을 포기하는 아이들이 대거 등장한다. 필자가 보기에는 아이들의 숙성기간을 고려하지 않고 논리상으로만 교과서를 구성한 것 같다. 배수와 약수가 어려운 것이라면 그럴 수도 있겠지만, 3~4학년만 돼도 얼마든지 잘할 수 있는 부분이다. 배수와 약수를 3~4학년에서 충분히 연습한 후 5학년에서 최대공약수와 최소공배수를 배우면 누구나 수월하게 넘어갈 수 있다. 그 근거로 최대공약수와 최소공배수 문제를 풀면서 가장 문제가 되는 것은 배수와 약수를 구분하지 못하는 아이들이 너무 많다는 점이다.

교과서는 어쩔 수 없다고 해도 집에서 가르치는 3~4학년 학부모라면 5학년에서 배우는 배수와 약수 단원(5학년 첫 단원) 중 최대공약수와 최소공배수 문제를 빼고 배수와 약수 문제만을 발췌해서 가르치기를 권한다. 배수와 약수는 분수보다 자연수에 더 친한 수다. 교과서 내용 중 이렇게 아이들의 숙성기간을 고려하지 않고 편재했다고 생각되는 부분들이 더 있다. 초등학교에서는 배수와 약수, 중학교에서는 간단한 거듭제곱과 소수(약수가 2개인 수), 고등학교에서는 집합과 삼각함수 부분이다.

약수는 몫창이다

배수는 수분해를 통해서 설명하고 여기에서는 약수만 다룬다. 교과서는 약수를 '어떤 수를 나누어떨어지게 하는 수'라고 했는데, 12라는 수를 예로 들어 설명해보자. 12를 나누어떨어지게 하는 수는 무엇일까? 12라는 수를 시행착오를 거치면서 하나하나 '자연수'로 나누어보면 나머지가 없이 나누어떨어지는 수를 구할 수 있다. 그런데 이 방법은 아이들이 싫어하니 결국 곱해서 12가 되는 1×12, 2×6, 3×4를 통해 1, 2, 3, 4, 6, 12라는 약수들을 구한다. 이 약수는 나누기와 밀접한 관계가 있다. 대부분의 아이들이 나누기가 아닌 곱하여 만들어지는 수로 이해하는데, 필자도 약수에 대한 수학적 정의보다는 아이들 생각이 옳다고 생각한다. 약수가 '어떤 수를 나누어떨어지게 하는 수'라고 이것을 의심 없이 받아들이는 아이도 있지만 간혹 $\frac{12}{5} \times 5 = 12$이니 $\frac{12}{5}$, 5로도 나누어떨어지는데 왜 12의 약수가 아니냐고 묻는 아이도 있지 않을까? 배수와 약수의 범위는 원래 정수지만, 초등학교에서는 자연수의 범위에서만 생각해야 한다. '자연수의 범위에서'라고 했으니 절대 어떤 수의 약수나 배수에 분수나 0이 나오면 안 되기 때문이다.

Q. 곱하면 36이 되고 더해서 37이 되는 두 자연수는?

답 1, 36

약수의 개념을 사용하는 문제를 하나만 보자.

곱해서 36이 되어야 하니 4×9, 6×6, 3×12를 생각할 수 있는데, 더해서 37이 되는 자연수는 없다고 하는 중3 학생이 의외로 많고 이로 인해 인수분해 문제를 틀린다. 그것도 모르냐며 말도 안 된다는 초등 생도 있겠지만, 곱해서 36이란 말에서 그냥 아무 생각 없이 '곱해서 36이 나와야 한다'고 생각한 결과다. 이렇게 개념을 대충 생각하는 습관이 들면 중·고등학교에서 지금까지 해온 많은 연습의 결과를 하나도 사용하지 못한다. 개념으로 보면 '곱해서 36'이란 말은 '36의 약수'를 의미한다. 당연히 약수라면 제일 먼저 1×36을 떠올려야 하고, 약수라고 생각하는 순간 답이 보일 것이다.

등식도 성질이 있대. 근데 등식이 뭐냐고?

조 선생 '='의 이름을 아니?

아이 '는'이요.

조 선생 아닌데. 어떻게 몇 년을 봤는데 이름도 모르니?

아이 그니까요. 이름이 뭐예요?

조 선생 '등호'야. '등'호가 있는 '식'이 뭔지 아니?

아이 등식이요.

조 선생 맞았어. 넌 천재야.

아이 그냥 해본 건데요.

조 선생 등식에는 '등식의 성질'이라는 것이 있는데, 오늘 이걸 알려주려고 해.

아이 어려워요?

조 선생 나중에 6학년에서 배우는 거고 어렵지는 않은데 엄청 중요한 거야.

아이 6학년에서 배운다면 어려울 것 같은데요.

조 선생 안 그래. 초등학교 1학년에게 알려주면 애들이 막 신경질 낸다.

아이 왜요?

조 선생 너무 쉽다고.

아이 ㅋㅋㅋ

조 선생 내가 갖고 있는 돈과 네가 갖고 있는 돈이 같다고 해보자. 내가 갖고 있는 돈에서 200원을 더하고, 네가 갖고 있는 돈에서 200원을 더하면 어떻게 될까?

아이 선생님은 얼마를 갖고 있는데요?

조 선생 선생님이 얼마를 갖고 있든 상관없는데.

아이 아, 그럼 같아요.

조 선생 내가 갖고 있는 돈에서 273원을 빼고, 네가 갖고 있는 돈에서 273원을 빼면 어떻게 될까?

아이 같아요.

조 선생 빼기도 잘하는데. 그럼, 내가 갖고 있는 돈에서 1억을 곱하고, 네가 갖고 있는 돈에서 1억을 곱하면 어떻게 될까?

아이 같아요. (뭔가를 잔뜩 기대하고 있던 아이는 실망한다.)

조 선생 내가 갖고 있는 돈에서 $\frac{1}{4}$ 을 나누고, 네가 갖고 있는 ….

아이 같아요. 같아요. 이제 그만해요.

조 선생 분수의 나누기는 6학년에서나 배우는 건데 어떻게 알았어?

아이 에이, 똑같잖아요.

조 선생 쉽지? 이렇게 시시해 보이는 '등식의 성질'로 중·고등학교의

방정식을 모두 푼단다. 사실 초등 1학년 때부터 등식의 성질로
푼는 문제가 계속 나오는데 안 알려주는 거야.

아이 초등 1학년 문제 하나만 내줘봐요.

조 선생 '□+3=5'라는 문제에서 가운데 등호가 보이지?

아이 네.

조 선생 등호가 있으니 등식이고, 등식의 성질을 사용할 수 있어. 등호
의 왼쪽에서 3을 빼고 오른쪽에서 3을 빼도 되겠지.

아이 네.

조 선생 그럼 '□+3-3=5-3'이 돼. 그리고 왼쪽만 계산해봐.

아이 □=5-3이네요. 이거 알고 있는 거예요.

조 선생 덧셈과 뺄셈, 곱셈과 나눗셈은 역연산의 관계가 있다고 하는데,
이게 바로 등식의 성질 때문이었어.

아이 초등 2학년 문제도 하나 알려줘요.

조 선생 그러자. 14+13+16+17=44라는 계산에서 필요 없는 수를 찾
아봐.

아이 왼쪽의 수가 너무 많아서 계산하기 싫어요.

조 선생 좋은 문제는 머리를 쓰게 하는 거야. 귀찮다면 머리를 써봐.

아이 알았어요. 14와 16, 13과 17이 각각 더하면 30이라서 60이
돼요.

조 선생 왼쪽은 60이고 오른쪽은 44니 같지 않네. 그렇다면 필요 없는
수는 뭘까?

아이　　　그야 당연히 16이죠. 근데 지금까지는 =의 오른쪽에 답을 쓴다는 생각밖에 없었어요.

조 선생　　그래, '등호의 왼쪽과 오른쪽은 같다. 그러니 같게 만들려면 어떻게 해야 할까?'라는 생각이 있어야 해. 몇 문제 풀면서 □에 어떤 수가 있으면 같아질지 생각해봐. 쉬울 거야.

(1) 2+3=□+1

(2) 4+□=2+7

(3) 99+□+5=100+5

(4) 98+□+5=100+5

(5) 97+□+5=100+5

(6) 58+□+7=60+7

(7) 100+□=100+36

(8) 100+17=100+□+7

(9) 1000+9=1000+□−1

(10) 58+19=□−1+58

몫칸에 자주 쓰는 숫자 연습하기

8	$2 \times 4=8$, $4 \times 2=8$, $8 \times 1=8$
12	$2 \times 6=12$, $6 \times 2=12$, $3 \times 4=12$, $4 \times 3=12$
15	$3 \times 5=15$, $5 \times 3=15$
16	$2 \times 8=16$, $8 \times 2=16$, $4 \times 4=16$
18	$2 \times 9=18$, $9 \times 2=18$, $3 \times 6=18$, $6 \times 3=18$
21	$3 \times 7=21$, $7 \times 3=21$
24	$3 \times 8=24$, $8 \times 3=24$, $6 \times 4=24$, $4 \times 6=24$
28	$4 \times 7=28$, $7 \times 4=28$
32	$4 \times 8=32$, $8 \times 4=32$
36	$4 \times 9=36$, $9 \times 4=36$, $6 \times 6=36$
42	$6 \times 7=42$, $7 \times 6=42$
48	$6 \times 8=48$, $8 \times 6=48$
49	$7 \times 7=49$
54	$6 \times 9=54$, $9 \times 6=54$
56	$7 \times 8=56$, $8 \times 7=56$
63	$7 \times 9=63$, $9 \times 7=63$
64	$8 \times 8=64$
72	$8 \times 9=72$, $9 \times 8=72$
81	$9 \times 9=81$

초등 연산 만점 공부법

나눗셈은 사칙계산의 마지막 순서이면서 그 안에 이전에 배운 더하기, 빼기, 곱하기를 모두 사용하기 때문에 아이들이 가장 어려워한다. 곱하기를 단순히 할 수 있는 수준이 아니라 완벽을 요구하는 데다가 빼기까지 사용되니 어려워하는 것이 당연하다. 그래서 두 자릿수와 한 자릿수의 곱셈에서 초를 재라고 하고, 거꾸로 구구단 36초, 뭉창 훈련과 그 밖에도 할 수 있으면 배수와 약수, 소인수분해, 거듭제곱 등 수 감각을 살릴 수 있는 것은 모두 다 하는 것이 좋다.

나눗셈(÷): 같은 수의 빼기를 몇 번 했는지 세는 것이 귀찮아서 만들어진 것

나누기를 무작정 '같은 수의 빼기'로 외웠다면 나눗셈을 연습하는 중에 왜 그런지를 먼저 설명해야 한다. 예를 들어 15-3-3-3-3-3=0

이나 16-3-3-3-3-3=1에서 같은 수인 3을 빼고 있으니 나누기로 바꾸어 15÷3=5나 16÷3=5…1이 된다는 것을 알려준다. 그래서 '15÷3'은 '15에서 3을 몇 번 뺄 수 있을까?'라는 다소 긴 질문을 이렇게 짧은 수식으로 표현한 것이라는 것을 알게 해야 한다.

학부모 강연에서 나누기가 '같은 수의 빼기'라고 알려주고 16-3-3-3-3-3=1을 나눗셈식으로 바꾸어 '16÷3='의 답은 무엇이냐고 물으면 상당수가 나머지인 1로 말했다가 웃으면서 교정하는 것을 본다. 개념 하나를 아이에게 알려주려면 수없이 여러 번 반복해서 물어보아야 한다. 참고로 '16÷3=5…1' 같은 식은 등식이 아니다. 16 안에 3이 얼마나 포함되고 있는가를 연습하기 위해서 만든 불완전한 식이며 잘못된 식이다. 이것을 보완하기 위해서 만든 것이 '검산식' 즉 3×5+1=16이라는 등식이다. 검산식(검사하는 계산식)은 당장은 분수에서 대분수를 가분수로 만드는 데 사용되지만, 나중에 중·고등학교에서도 '나머지 정리'에서 사용되니 반드시 연습한다. 또 5~6학년에서 등식의 성질을 알려주면서 이 사실을 잊지 않기 위해 다시 알려주어야 한다.

그런데 정의를 보면 '몇 번 뺄 수 있을까?'처럼 수학에서는 사용하지 않을 것 같은 애매한 용어로 표현되는 수감각까지를 요구하고 있다. 보통 나눗셈은 곱셈에 대한 역연산을 통해서 구한다. 예를 들어 '18÷3=' 같은 식의 답은 구구단 3단을 외우면서 3×6=18을 통해 6을 찾아 답을 쓰는 것이다. 곱셈을 충실히 한 아이라면 답이 그냥 보일 것이고 그렇지 않다면 몫창 즉 18이 나오는 구구단 2×9=18, 9×2=18, 3×6=18, 6×3=18을 통해 빠르게 몫을 구할 수 있도록 도와주어야 한다. 그런데 나눗셈을 많이 연습하고 잘한다 해도 스스로 개념에 도달하기는 어려우니 위 나눗셈의 정의를 외우고 개념을 잡을 수 있도록 도와주어야 한다. 나눗셈에서 얻은 모든 개념은 다시 모두 분수에 적용되기 때문에, 분수를 잘할 수 있는 기초수준으로 나눗셈의 중요성을 강조하고 싶다.

나누기의 두 가지 의미, 등분과 포함

나누기의 의미에는 등분제와 포함제라는 두 가지 의미가 있다. '같은 수의 빼기'를 의미하는 것은 포함제, 즉 그 안에 빼는 수를 몇 개나 포함하고 있느냐는 뜻이고, 등분제는 똑같은 크기로 나눈다면 각각의 것은 얼마의 크기를 갖느냐는 뜻이다.

등분제: 같은 크기로 분할하기
포함제: 같은 수의 빼기

예를 들어 다음 두 문제를 비교해보자.

⑴ 딸기 12개를 한 접시에 3개씩 담으면 몇 접시가 될까요?

(포함제/답: 12÷3=4접시)

⑵ 딸기 12개를 3접시에 나누어 담으면 몇 개씩 담을 수 있을까요? (등분제/답: 12÷3=4개)

교과과정에서는 포함제보다는 등분제가 훨씬 이해하기 쉽고, 이 구별이 실익이 없다고 판단하고 있다. 교과부 지침에 의하면 포함제는 구하는 식이 같고 가르치기 어려우니 가르치지 말고, 등분제로 나누어 만든 수에 '개' 대신에 '명'이라는 단위만 바꾸라고 되어 있다. 위 문제와 같은 예를 들면서 포함제든 등분제든 12÷3=4라는 똑같은 나눗셈식이 사용되고 단지 단위인 '접시와 개'만 바꾸어 쓰면 된다는 것이다. 수가 자연수에서 그친다면 그 말이 맞을 수도 있다. 그러나 분수에서는 등분제로 나누기를 설명하는 자체가 불가능하다. 예를 들어 $\frac{1}{2}÷\frac{1}{3}$이라는 식의 경우 포함제로는 '$\frac{1}{2}$에서 $\frac{1}{3}$을 몇 번 뺄 수 있을까?'라고 질문할 수 있고 $\frac{1}{2}$이 $\frac{1}{3}$보다 크니 적어도 한 번은 뺄 수 있다는 데서 그 몫이 1보다 크다는 감각을 사용할 수 있다.

이런 생각은 결과적으로 포함제를 필요로 하는 중·고등학교 과정을 모두 외우게 하는 불상사를 낳는다. 나눗셈은 대부분 분수로 바꾸는 문제고, 앞으로 배울 내용의 주류가 등분제니 큰 틀에서 보면 맞는 말이기는 하다. 그러나 3학년 때 나누기를 한 것은 모두 포함제에 대한 연습이었다. 연습은 다 해 놓고 이해하기 좀 어렵다는 이유로 개념을 외면하는 것이야말로 실익이 없는 것으로 보인다. 문장제가 나누기 자체의 의미를 가지고 사용된다면 둘 다를 가르쳐야 될 것이다.

아이들이 곱셈과 나눗셈을 혼동하고 또 문제도 잘 읽지 않으려는 것은 읽어도 잘 모르던 경험이 쌓였기 때문이다. 문장제에서 곱셈이 아니니 나눗셈이고 (큰 수)÷(작은 수)로 쓰라고 하는 등의 기술을 알려주거나 무조건 잘 읽으라고 종용하는 것보다는 포함제를 의미하는 나눗셈식을 이해하고 쓸 수 있도록 해주는 것이 낫다고 생각한다. 상대적으로 포함제보다 등분제가 이해하기 쉬운 것은 사실이고, 자연수의 나눗셈은 모두 분수로 만들어지는 과정을 밟게 된다. 그런데 먼저 ÷ 기호를 크게 해보자!

$$\div$$

나누기 기호가 꼭 분수 모양처럼 보이지 않나? 자연수끼리의 나누기는 모두 분수로 만들어진다. 예를 들어 $1 \div 8 = \frac{1}{8}$, $8 \div 3 = \frac{8}{3} = 2\frac{2}{3}$, $290 \div 20 = \frac{290}{20} = \frac{29}{2} = 14\frac{1}{2}$ 처럼 모두 분수로 만들어지기 때문에 나눗셈은 분수에서의 약분, 가분수를 대분수로 고치기 등의 도움을 받는다. 역으로 분수는 다시 아주 작은 수나 큰 수의 연산이 부족한 아이들의 나눗셈 실력을 보완해주게 된다. 이것은 4학년에서 세 자릿수 나누기 두 자릿수를 어려워하던 아이들이 그 이후에도 지속해서 수학을 해나갈 수 있는 이유가 된다. 앞서 보았듯이 $20\overline{)290}^{\,14\cdots10}$ 과 같은 나눗셈을 못하더라도 $\dfrac{290}{20}=14\dfrac{1}{2}$로 할 수 있기 때문이다.

학년마다 달라지는 나눗셈

나눗셈은 여러 가지 방법으로 학년을 달리하면서 계속 배운다.

(1) $8\div3=2\cdots2$ (포함제/3학년)

(2) $8\div3=\dfrac{8}{3}=2\dfrac{2}{3}$ (등분제/5학년)

(3) $8\div3=2.666\cdots$ (등분제/6학년)

여러 가지 방법이 있으니 아이들이 하나의 나눗셈을 하면서 물어보는 것 역시 다양하다. '나누어떨어지지 않아요, 가분수를 대분수로 고쳐야 하나요?, 계속 나눠야 하나요?'는 아이가 어떤 나눗셈을 하고 있는지를 말해준다. 이처럼 8÷3이라는 나눗셈을 계산할 때, 어떤 식을 사용해야 하느냐라는 문제가 생긴다. 일반적으로는 문제에 별도의 조건이 주어지지 않는다면 등분제를 의미하는 $\dfrac{8}{3}$(몫)을 사용해야 한다. 그런데 나누어서 '나머지'가 '있다, 없다'처럼 나머지를 문제 삼는 것은 포함제를 의미한다고 보아야 한다. 왜냐하면 등분제로 보면 나머지라는 것이 존재할 수 없기 때문이다. 그래서 문제에 '나머지'라는 말이 사용된다면 포함제(1)를, '소수점 아래'라는 말이 나오면 등분제(3)라고 생각해야 한다. 각각의 나눗셈을 잘 해야겠지만 문제가 요구하는 나눗셈을 구분하여 사용할 수도 있어야 한다.

나누어떨어지는 것과 떨어지지 않는 것의 검산식

그나마 나누어떨어지는 것은 아이들이 쉽게 받아들인다. $12 \div 3 = 4 \cdots 0$처럼 나머지가 0일 때는 간단히 $12 \div 3 = 4$라고 쓰되 $12 \div 3 = 4$에서 나머지가 0이라는 생각을 갖고 있어야 한다. 이제 $12 \div 3 = 4$라는 나눗셈식을 검산식으로 바꾸면 $3 \times 4 = 12$라는 식을 얻게 된다. 그러면 12는 3과 4의 배수가 되고, 역으로 3과 4는 12의 약수가 되는 약수와 배수라는 관점으로 전환될 수 있다. 이것으로 나누어떨어지면 무수히 많이 연습한 곱셈과 나눗셈을 사용할 수 있게 된다는 것을 인지해야 한다.

그럼 $13 \div 3 = 4 \cdots 1$처럼 나누어떨어지지 않는 나눗셈은 어떤 방식으로 이용할 수 있을까? 검산식으로 변형하고 나서 생각을 발전시켜야 좀 더 개념에 접근하거나 어려운 문제를 풀 수 있는 이해에 도달하게 된다. 나누어떨어지지 않는 나눗셈의 변형을 요구하는 두 가지를 설명한다.

첫째, $\square \div 3 = \bigcirc \cdots 1$을 검산식으로 만들면 $\square = 3 \times \bigcirc + 1$이다. 이 식에서 $3 \times \bigcirc$는 3의 배수이고, $3 \times \bigcirc + 1$은 3의 배수에 1을 더한 수다. 따

라서 □는 3의 배수에 1을 더한 수들 중에서 찾을 수 있게 된다.

둘째, 13÷□=○…1은 나머지가 1이라서 나누어떨어지지 않으며 나누어떨어지지 않는 상태에서는 수없이 연습한 곱셈과 나눗셈을 이용할 수 없다. 이 식을

(13-1)÷□=○으로, 다시

(13-1)=○×□ ⇨ ○×□=12로 변형한다면 ○와 □는 12의 약수가 된다.

정리하면 구하려는 □가 나누어지는 수이면 배수, 나누는 수이면 약수로 간다는 것이다. 이것을 구분하는 것이 5학년 '배수와 약수' 단원에서 아이들이 가장 어려워하는 부분이다. 이것을 이해하지 못하면 중학교에서, 또 고등학교의 나머지 정리에서 계속 어려움을 겪게 된다. 물론 그 반대라면 쉬울 것이다.

빠르기, 최장 1분 30초면 통과!

나눗셈의 연습대상은 두 자릿수 나누기 한 자릿수와 세 자릿수 나누기 한 자릿수다. 나눗셈의 빠르기는 20문항 문제에서 두 자릿수 나누기 한 자릿수가 나머지가 없다면 40~50초, 나머지가 있다면 1분 10초 이내에 해야 한다. 세 자릿수 나누기 한 자릿수는 나머지가 없다면

1분 10초, 나머지가 있다면 1분 30~40초 이내에 해야 한다.

곱셈은 잘되는데 나눗셈이 잘 안 되는 경우는 없다. 나눗셈이 안 된다고 나눗셈만 계속하기보다는 곱셈부터 해결하는 것이 오히려 빠른 방법이다. 보통 시중 문제집이나 교과서는 두 자릿수 나누기 한 자릿수의 나눗셈까지만 치중하는데, 이 부분만큼은 세 자릿수 나누기 한 자릿수까지 해놓아야 안심할 수 있다. 물론 큰 수에서도 두 자릿수 나누기 한 자릿수가 가장 많이 쓰이고 중요하지만 세 자릿수 나누기 한 자릿수까지 해놓아야 결국 두 자릿수 나누기 한 자릿수가 쉽게 느껴지고 꺼내 쓸 수 있는 수준이 된다.

나눗셈 빠르기를 끝내기 위한 처방

3권이 필요하다. 나누기는 가로셈을 먼저 한 권 정하여 튼튼히 하고, 다음 세로셈 역시 한 권을 정하고 빠르게 해야 한다. 세로셈을 할 때는 아래에 식을 적지 않고 몫과 나머지만 적는다. 그다음 세 자릿수 나누기 한 자릿수을 하는데 두 자릿수 나누기 한 자릿수만큼은 아니더라도 빠르기가 버금가도록 연습한다.

조 선생과 Talk Talk

나누어떨어지게 하려면
어떻게 할까?

조 선생	나누기(÷)는 어떻게 해서 만들어졌어?
아이	같은 수의 빼기를 몇 번 뺐는지 세기가 귀찮아서요.
조 선생	외우기 힘들었지?
아이	쪼금.
조 선생	12÷4가 무슨 뜻이야?
아이	3이요.
조 선생	아니, 무슨 뜻이냐고?
아이	12 나누기 4지요.
조 선생	금방 외웠잖아.
아이	아, 12에서 4를 몇 번 뺐느냐고 묻는 거요.
조 선생	그래, 12÷4가 답이 3이라는 것은 다 알겠지만 그 뜻을 대부분 몰라. 그러면 묻는 게 뭔지 모르면서 답을 말한 거야. 이상하지 않니?
아이	그러네요.

조 선생   16÷3이 무슨 뜻이야?

아이   '16에서 3을 몇 번 뺄 수 있을까?'란 뜻이요.

조 선생   그럼 너는 뭐라고 대답할 거니?

아이   5번 빼고 1이 남아요.

조 선생   이때 5를 '몫'이라 하고 1을 '나머지'라고 한단다. 5로 나누었을
때 나머지가 될 수 있는 수들은 무엇이 있을까?

아이   5가 안 되는 수들이니 1에서 4까지요.

조 선생   나누어떨어지면 안 되니?

아이   아, 0에서 4까지요.

조 선생   16÷3=5…1을 검산식으로 만들 수 있니?

아이   네. 3×5+1=16요.

조 선생   잘하네. 16÷3=5…1은 나누어떨어지니?

아이   아뇨.

조 선생   뭘 보고 나누어떨어지지 않는지 알았어?

아이   나머지가 있잖아요.

조 선생   나머지가 0이면 나누어떨어지니?

아이   아뇨. 아, 나누어떨어져요.

조 선생   16÷3=5…1을 어떻게 하면 나누어떨어지도록 만들 수 있을
까? 3과 5의 숫자는 바뀌면 안 되고.

아이   16은 바꿔도 된다는 말이네요.

조 선생   와, 똑똑한데.

아이	16에서 나머지 수인 1을 빼요.
조 선생	그럼 나누어떨어지니?
아이	네, 15 나누기 3은 5로 나머지가 없잖아요.
조 선생	너는 지금 초등 5학년이 가장 어려워하는 것을 이해한 거야.
아이	별것 아닌 것 같은데요.
조 선생	그러니까 대충하다가 수학은 별것 아닌 거로 당한단다.
아이	그럼 별것 아닌 게 아닌 거 아네요?
조 선생	그러네. 오늘 하나만 더 배워보자.
아이	네.
조 선생	1÷5를 할 수 있니?
아이	이런 문제는 본 적이 없어요. 못 푸는 문제 아네요?
조 선생	그래, 이런 문제는 본 적이 없을 거야. 처음 보는 문제는 항상 개념을 생각해봐.
아이	1에서 5를 한 번도 못 빼는 거 아네요?
조 선생	한 번도 못 뺐으니 몇 번 뺀 거야?
아이	아, 0이요.
조 선생	그럼 나머지는?
아이	나머지가 있어요?
조 선생	그래, 빵이 하나 있었는데 하나도 안 먹었대. 그럼 빵이 얼마나 남았어?
아이	아, 알았어요. 나머지가 1이에요.

조 선생   그럼 식은 뭐야?

아이   1÷5=0…1인데 낯설어요.

조 선생   처음이라 그래. '1부터 100까지의 자연수 중에서 5로 나누었을
때 나머지가 1이 나오는 수는 모두 몇 개인가?'와 같은 문제에
서 많은 중·고등학생들이 6, 11, 16, …, 96이라고 해놓고 그 개
수를 셌단다. 아무리 잘 세어도 틀리겠지?

아이   그러네요. 1이란 수가 빠졌어요.

조 선생   6, 11, 16, …, 96은 각 수에다 1을 빼고 다시 5로 나누어서 5,
10, 15, …, 100 ⇨ 1, 2, 3, …, 20으로 20개인데 이 방법 기억하
고 있지?

아이   그렇게 강조하는데 어떻게 모르겠어요?

나눗셈 빠르기 연습하기

앞뒷면에 10개씩 20문제, 하루에 5장 내외.
두 자릿수 나누기 한 자릿수, 나머지가 없다면 40~50초, 있다면 1분 10초 이내면 통과!
세 자릿수 나누기 한 자릿수, 나머지가 없다면 1분 10초, 있다면 1분 30~40초 이내면 통과!

01

$4\,\overline{)\,31}$

02

$6\,\overline{)\,83}$

03

$3\,\overline{)\,41}$

04

$7\,\overline{)\,81}$

05

$9\,\overline{)\,80}$

06

$5\,\overline{)\,89}$

07

$3\,\overline{)\,88}$

08

$4\,\overline{)\,95}$

09

$7\,\overline{)\,83}$

10

$8\,\overline{)\,85}$

11

$$4\overline{)312}$$

12

$$6\overline{)834}$$

13

$$3\overline{)417}$$

14

$$7\overline{)802}$$

15

$$9\overline{)801}$$

16

$$5\overline{)890}$$

17

$$3\overline{)784}$$

18

$$4\overline{)826}$$

19

$$7\overline{)843}$$

20

$$8\overline{)859}$$

(1) 7…3 (2) 13…5 (3) 13…2 (4) 11…4 (5) 8…8 (6) 17…4

(7) 29…1 (8) 23…3 (9) 11…6 ⑽ 10…5 ⑾ 78 ⑿ 139 ⒀ 139

⒁ 114…4 ⒂ 89 ⒃ 178 ⒄ 261…1 ⒅ 206…2 ⒆ 120…3

⒇ 107…3

위 테스트는 두세 자릿수 나누기 한 자릿수로 난이도를 고려해서 1분 30초 정도가 나와야 한다. 시간이 이 정도 나오려면 당연히 아래를 쓰지 않고 몫과 나머지만 써야 해서, 암산을 유도하는 연습이기도 하다.

7. 수분해
_ 큰 수는 연산이 아니라 수분해다

초등 1~2학년에서 자연수의 덧셈과 뺄셈을 하고, 초등 3학년에서 곱셈과 나눗셈을 배우면서 자연수의 사칙계산은 끝난다. 그래서 사칙 계산이 끝난 4학년은 자연수의 확장을 하는 학년이다. 자연수의 확장은 무척 다양한 방법으로 이루어질 수 있지만, 교과서를 보면 큰 수의 확장으로 이끄는 것처럼 보인다. 문제는 당장 교과서를 펴보면 알겠지만 너무 큰 수로의 확장만을 다루어서 필자에게 풀어보라고 해도 싫다고 할 정도다.

필자 역시 초등학교 4학년 때, 네 자릿수 곱하기 세 자릿수 같은 큰 수의 연산을 계속 하라고 해서 싫었던 기억이 있다. 큰 수의 연산은 가볍게 알고리즘을 배워서 할 줄만 알면 되는데 교과서에 나와 있으니 완벽하게 한다는 명분으로 계속 시킨다. 큰 수의 연산에서 오답을 잡는다고 계속 풀리면 필자처럼 수학에 대한 좋지 않은 추억만 생길 뿐 얼는 게 없다. 사실 얻을 게 없는 데 그치지 않고 연산의 치명적인 독이라고 할 있는 대충병에 걸리게 된다. 꼭 해야겠으면 하루에 한 문제 정도만 풀되 그마저도 학교에서 단원평가가 끝나면 그만 하는 것이 좋다. 큰 수의 연산에서 오답이 우려된다면 정작 실력을 키워주는 작은 수에서 더 연습하고, 설사 큰 수의 연산이 좀 틀리더라도 알고리즘만 안다면 차라리 그냥 지나가는 것이 낫다. 그 대신 수감각을 살리는 연습을 하면 좋은데 그 대표적인 것이 수분해다. 수감각은 배웠다고 바로 생기는 것이 아니니 훈련과 숙성기간을 미리 고려해야 한다고 생각한다. 교과서로 보면 수분해는 중1부터 시작되어 중·고등학교까지 계속 사용된다. 사실은 분수의 연산에서 수분해가 사용되고 강화되기 때문에 3~4학년 때 미리 해두면 힘들지 않게 감각을 기를 수 있다.

수감각을 위한 수분해
– 소수, 제곱수, 배수와 배수 판별법, 짝수와 홀수

'수감각은 수의 운행능력'이라고도 하는데, 이를 위해서 수를 분해하고 다시 재합성하는 과정을 거치는 것이 첫 순서라고 생각한다. 수분해라고 말하긴 했지만 실제로는 중학교에서 배우는 소인수분해다. 소인수분해를 잘하기 위해 필요한 것을 열거하면 몫창, 소수, 배수와 배수 판별법, 거듭제곱, 짝수와 홀수 등이다. 이렇게 열거하니 무척 많은 것을 배워야 하고 소인수분해는 중학교에서 배우니 나중에 했으면 좋겠다는 생각이 들 수도 있다. 걱정할 필요 없다. 곱창을 배웠고 제곱수를 배웠으니 소수 하나만 더 배운다면 수분해를 연습할 수 있다. 소인수분해를 한 상태에서 수를 보면 어떤 수의 배수인지 어떤 수를 곱하면 거듭제곱이 되는지 등을 알 수 있다. 소인수분해를 하는 것이 문제가 아니라 소인수분해를 한 뒤에 이것을 활용하는 것이 필요하니 여러 가지 수감각을 갖추고 있어야 한다. 그래서 교과과정에서는 중학교 1학년에 소수, 거듭제곱, 소인수분해를 동시에 가르쳐서 그것을 왜 하는지도 모르고 그저 소인수분해를 할 수 있도록 시키기만 하고 있다. 배우자마자 수감각이 살지는 않는다. 초등 3~4학년에서 소인수분해를 몇 달해서 익숙해진 상태에서 멈추게 되면 분수의 사칙연산을 하는 5~6학년에서 저절로 수 감각이 살아나게 된다. 그러면 남들이 중1 때 처음 배우면서 버벅이고 있을 때, 소인수분해의 다양한 장점을 생각할 수 있는 힘을 가질 수 있을 것이다.

수분해를 연습하기 위해 필요한 것은 곱창, 소수, 제곱수, 배수 판별법, 짝수와 홀수다. 곱창에 대해서는 앞에서 배웠으니 여기서는 나머지를 다룬다. 배운 다음에는 문제를 통해 자유자재로 다룰 수 있도록 연습해야 한다. 수감각을 위해 문제를 풀 때는 답이 중요한 것이 아니라 답에 이르는 과정에서 더 좋은 방법이 무엇인지를 생각하는 것이 포인트다.

수감각이 왜 초등 교과서에 없을까?

이 정도까지 오면 가르쳐야 될 것이 제법 많다 싶으면서 '초등학생에게 왜 이렇게까지 힘들게 가르쳐야 되나? 수감각을 살리는 것이 그렇게 중요하면 수학자나 교과서 집필진들이 어련히 알아서 교과서에 넣어서 만들지 않았겠나?'라고 생각할 수 있다. 이유가 있다.

첫째, 배우는 게 싫은 아이들은 있어도 소수나 거듭제곱을 배우는 것을 어려워하는 아이는 없다. 설사 어려워한다 해도 안 배우고 문제를 푸는 것보다야 낫지 않을까?

둘째, 교과서는 아이의 두뇌 발달에 맞춘 것이지만 중요도나 아이들의 연습량을 고려하지는 않는다.

셋째, 교과서 집필진은 아이들이 습득하는 중간단계를 고려하지 않고 무엇을 배우면 그것을 완전하게 배워야 한다고 생각하는 듯하다. 필자가 소수나 소인수분해 등을 초등3~4학년에서 다루는 이유는 이것을 완전하게 다루겠다는 의미가 아니고, 수감각을 살릴 수 있도록 시간을 확보하겠다는 의미일 뿐이다. 게다가 교과서가 중심을 잡고 있다고 생각할지도 모르지만, 문제집 등에서는 이미 적용된 문제가 나오기 때문에 결국 아이들은 배우지도 않은 것을 풀어야 하니 힘들어한다.

① 소수

: 1과 자기 자신의 수에 의해서만 나누어떨어지는 수

소수를 초등학교에서 연습해야 하는 이유

'소수는 자연수 중에 있는 수로 2나 3처럼 1과 자기 자신의 수에 의해서만 나누어떨어지는 수 또는 2개의 약수만 가지는 수'다. 소수는 중1에서 처음 배우는데 곧바로 소인수분해 문제로 이어져 아이들이 힘들어한다. 단순히 소인수분해만을 요구하는 것이 아니라 수감각을 요구하는 다양한 문제들이 출제되기 때문이다. 수감각은 배우자마자 생겨나는 것이 아니라서 미리 배우고 연습을 거쳐야 한다. 5학년이 되기 전인 3~4학년에 연습시키면 분수의 연산을 하면서 특별한 연습을 거치지 않더라도 수감각이 많이 생긴 것을 볼 수 있었다. 소수를 초등학생에게 가르치고 분수의 연산과정을 거치면 몇 가지 장점이 있다.

첫째, 자연수를 분해하는 방법은 합과 곱이다. 합의 기본단위가 1이라면, 수를 곱으로 분해하기 위해 필요한 기본단위가 소수다. 그래서 1이나 소수가 아닌 어떤 수는 모두 소수의 곱으로 표현할 수 있다. 이를 외우면 곱의 최소단위로서 사용하게 될 것이다.

둘째, 최대공약수나 최소공배수를 구할 때뿐만 아니라 분수의 약분 계산에서 약분이 되는 수와 되지 않는 수를 구분하는 데 도움이 된다.

셋째, 13, 17, 19처럼 구구단을 벗어난 수로 분해하는 데 도움을 준다. 특히 분수의 곱하기나 나누기에서 이러한 수들이 나올 때 큰 소수가 나오면 안 배운 아이는 약분을 못해서 틀릴 수밖에 없게 된다.

넷째, 소수를 구분하게 되면 중학교의 소인수분해를 작은 수로 하나씩 나누는 과정을 생략한 채 곧장 쓸 수 있게 되어 다른 개념을 챙길 여유가 생긴다.

에라토스테네스의 체로 소수 찾기

이제 소수를 찾는 방법을 배워보자! 기원 전 200년경 그리스의 에라토스테네스는 소수를 쉽게 찾아내는 방법을 제시했다. 다음은 '에라토스테네스의 체'인데 적어도 한 번은 직접 몸으로 노가다(?)를 해봐야 감각이 산다. 직접 다음처럼 시행해보자.

```
 1   2   3   4   5   6   7   8   9  10
11  12  13  14  15  16  17  18  19  20
21  22  23  24  25  26  27  28  29  30
31  32  33  34  35  36  37  38  39  40
41  42  43  44  45  46  47  48  49  50
51  52  53  54  55  56  57  58  59  60
```

(1) 1은 약수가 1개니 소수가 아니다. 1에 ×표를 한다.

(2) 2는 소수이니 ○표를 하고, 2를 제외한 2의 배수는 모두 ×표를 한다.

(3) 3은 소수이니 ○표를 하고, 3을 제외한 3의 배수는 모두 ×표를 한다.

(4) 5는 소수이니 ○표를 하고 5를 제외한 5의 배수는 모두 ×표를 한다.

(5) 같은 방식으로 소수를 찾고 그 소수의 배수에 모두 ×표를 한다.

위 과정에서 살아남은 수는 2, 3, 5, 7, 11, 13, 17, 19, 23, 29, 31, 37, 41, 43, 47, 53, 59인데 제대로 나왔을까? 이 과정을 지속하면 보다 큰 자연수에서도 소수를 찾을 수 있다. 그러나 자연수가 끝이 없듯이 소수도 끝이 없다.

외워야 할 소수

2, 3, 5, 7, 11, 13, 17, 19, 23, 29, 31, 37, 41, 43, 47, 53, 59

'에라토스테네스의 체'는 한두 번 연습하면 되고 결국 소수는 외워야 한다. 소수는 끝이 없지만 위에 나열한 60 전의 소수까지만 외우면 고등학교 때까지는 큰 어려움이 없을 것이다. 그다음은 13, 17, 19의 배수를 100 전까지 다음과 같이 직접 몇 번 써보고 익혀야 한다. 그래야 이들의 배수가 수분해나 분수에 나와도 어렵지 않게 사용할 수 있게 된다.

13의 배수: 13, 26, 39, 52, 65, 78, 91, …

17의 배수: 17, 34, 51, 68, 85, …

19의 배수: 19, 38, 57, 76, 95, …

한때 19단 외우기가 붐이었던 때가 있었는데, 19단 외우기가 도움이 되는 수가 바로 13, 17, 19의 배수들이었다. 보통 수학은 규칙이 중요하지 구체적인 수 자체는 별 의미가 없다고 생각하기 쉽다. 그러나 생각해보자. 수의 연산을 거의 10년 넘게 하는 동안 100 이하의 수들을 사용한다. 문제를 출제하는 입장에서는 약수가 많은 6의 배수나 거듭제곱수 등에서 수를 선택해서 사용하게 된다. 빈도수가 높은 수가 계속 사용되는 경향이 있으니 어떤 개별적인 수가 큰 의미가 없다고 생각하지는 말자.

② 제곱수: 거듭해서 제 자신을 곱한 수

$7 \times 7 \times 7 \times 7 \times 7$을 직접 곱하면 수가 커질 뿐 별 실익이 없고 번거로워 7을 5번 곱했다는 표현으로 7^5으로 표현한다. 이때 곱해지는 수인 7을 '밑'이라 하고 거듭해서 곱하는 개수는 '지수'라고 한다. 거듭제곱은 중학교 교과내용이지만 초등학교에서도 이미 일부 사용되고 있다. 대표적인 예로 넓이나 부피와 같은 곳에서 $2cm \times 3cm$이면 $6cm^2$, $2cm \times$

$3cm \times 4cm$이면 $24cm^3$를 사용한다. 이때 거듭제곱의 의미를 알려주지 않으면 $6cm$나 $24cm$처럼 단위를 잘못 써서 틀리는 경우가 많다. 물론 이런 지엽적인 것 때문에 거듭제곱을 다루는 것은 아니다. 일단 초등 학교에서 가장 중요하게 다루어야 하는 거듭제곱은 10의 거듭제곱이다.

먼저 10×10, $10 \times 10 \times 10$, $10 \times 10 \times 10 \times 10$, $10 \times 10 \times 10 \times 10 \times 10$, …을 곱해보게 한다. 이런 수들은 커도 상관없다. 아이가 어려워하지 않을 뿐 아니라 '0'의 개수를 세어서 쓸 때까지 큰 수로 하는 것이 좋 다. 이런 거듭제곱은 그냥 곱하기만 하면 되니 연습하지 않아도 되고 나중에 중학교에서 배우면 그때 해도 될 거라고 생각할지도 모르겠다. 거듭 말하지만 수감각은 하루아침에 이루어지는 것이 아니니 할 수 있 을 때 열심히 해두자. 중학교에서 배우기는 하지만 연습할 시간이 충 분히 주어지는 것은 아니다. 중학교는 수연산을 익히는 시기가 아니라 수식을 다루고 이해하는 것에 주력하기 때문이다. 따라서 간단한 숫자 의 거듭제곱은 외워 놓아야 한다. 특히 2, 3, 5 등의 거듭제곱은 일정 부분 반드시 외워 놓아야 한다. 그렇지 않으면 처음에 2^3을 8이 아닌 6 으로, 3^3을 27이 아닌 9로, 5^3을 125가 아닌 75로 답을 내는 경우가 많다.

외워야 하는 제곱수

초등학교는 14^2까지만 외워도 지장 없으나 하는 김에 20^2까지 해놓는 것이 좋다.

$1 \times 1 = 1^2 = 1$ $2 \times 2 = 2^2 = 4$

$3 \times 3 = 3^2 = 9$ $4 \times 4 = 4^2 = 16$ $5 \times 5 = 5^2 = 25$

$6^2=36$	$7^2=49$	$8^2=64$	$9^2=81$
$10^2=100$	$11^2=121$	$12^2=144$	$13^2=169$
$14^2=196$	$15^2=225$	$16^2=256$	$17^2=289$
$18^2=324$	$19^2=361$	$20^2=400$	

외워야 하는 거듭제곱수

중학교까지는 2^6까지만 외우면 되지만, 고등학교에서는 $2^7=128$, $2^8=256$, $2^9=512$, $2^{10}=1024$까지 필요하다. 어떻게 다 외우냐고 겁먹을 필요 없다. 2의 거듭제곱만 그 수가 커질 뿐 나머지는 얼마 되지 않는다.

$2^3=2\times2\times2=8$

$2^4=2\times2\times2\times2=(2\times2)\times(2\times2)=16$

$2^5=2\times2\times2\times2\times2=(2\times2\times2)\times(2\times2)=8\times4=32$

$2^6=2\times2\times2\times2\times2\times2=(2\times2\times2)\times(2\times2\times2)=8\times8=64$

$3^3=3\times3\times3=27$

$3^4=3\times3\times3\times3=(3\times3)\times(3\times3)=9\times9=81$

$5^3=5\times5\times5=125$

$5^4=5\times5\times5\times5=625$

위에서 언급한 거듭제곱을 벗어나서 더 많은 거듭제곱을 외우지 않기 바란다. 2의 10제곱까지, 3의 4제곱까지, 5의 4제곱까지, 10의 10제곱까지 그리고 나머지 수는 모두 제곱만 외우면 되는데, 딱 20의 제곱까지만 외우면 된다. 만약 추가하려면 한 시간에 3600초라서 '60의 제곱' 하나만 더 외우면 된다. 대신 그 이상은 하나도 추가하지 않아도 된다. 즉 21의 제곱도 외우지 마라. 연산의 독이 있는 줄 모르는 사람은 연산을 많이만 하면 좋은 줄로 안다. 시중에는 필자가 말한 3, 4학년에 소수나 거듭제곱을 외워야 한다는 의견을 받아들이면서 50의 제곱이나 무려 70의 제곱까지 외우게 시키는 것을 본다. 그것을 외워도 전혀 사용하지 않을 뿐만 아니라, 많은 거듭제곱을 외웠다가 일부가 헷갈리면 거듭제곱 전체가 헷갈리니 외우지 않는 것만 못하게 된다. 제발 불필요한 연산을 계속 시키면서 공부하는 것이라고 착각하지 말기 바란다. 다시 한번 강조하니, '연산은 수학이 아니며 생각하는 것만이 수학이다.'

거듭제곱은 초등학교에서 안 나온다고 할까 봐 한 문제만 제시한다. 그것만 안다고 풀리는 것은 아니지만 거듭제곱을 알면 문제를 쉽게 이해할 수 있다.

Q. 2에 3을 110번 곱해서 나온 수의 일의 자리의 수는?

답 8

'2에 3을 110번 곱해서'란 말에 이미 질려버린 아이가 있을지도 모르겠다. '3을 직접 110번 곱하라'는 무식한 문제는 앞으로도 없으니 큰 수라도 규칙만 찾으면 쉽다는 생각이 들도록 해주어야 한다. 문제에서 물어보는 것은 일의 자릿수니 두려워할 것 없다. 그런데 많은 아이들이 어떤 두 수의 곱에서 일의 자릿수는 일의 자릿수끼리의 곱으로 만들어진다는 것을 모르니 이것부터 가르쳐야 된다. 예를 들어 27×78에서 다른 자릿수는 모르더라도 그 곱의 일의 자릿수는 $7 \times 8 = 56$을 통하여 6이 된다. 위 문제도 일의 자리만 곱해 가면 되는 구구단 문제다. 첫 번째 수는 2가 아니라 $2 \times 3 = 6$이다. 이것만 조심하고 두 번째 수는 $6 \times 3 = 18$에서 8, 세 번째 수는 $8 \times 3 = 24$에서 4, 네 번째 수는 $4 \times 3 = 12$에서 2, 다섯 번째 수는 $2 \times 3 = 6$으로 나가는데 어디서 많이 보지 않았나? 네 번째 수까지를 보면 6, 8, 4, 2가 반복된다. 이제 주기 문제로 바뀌었으니 배수 판별법을 알아야 한다. 결과적으로 $110 \div 4 = 27 \cdots 2$로 두 번째 수인 8이 답이다.

③ 배수: 자연수를 곱한 수

배수라는 것을 처음 접하는 아이에게 2의 배수를 말하라고 하면 간혹 2, 4, 8, 16, 32, …처럼 2의 거듭제곱을 말하는 학생들이 있다. 일상생활에서 배는 2배를 의미하기에 생기는 오류다. '배'는 '곱하기'이고 곱하기는 '같은 수의 더하기'이다. 정리해주면 이런 현상은 곧 없어지고 잘 아는 듯이 보일지도 모르지만, 머릿속 어디엔가 여전히 남아서 혼동의 씨앗이 될 수 있다.

교과서에서는 '5의 1배, 2배, 3배, …한 5, 10, 15, …를 5의 배수라고 한다'라고 정의한다. 아이들이 이 말의 의미를 제대로 이해하지 못하여 배와 배수를 혼동한다. 배는 그냥 곱하기고, 배수는 '초등에서는 자연수를 곱한 수'라고 정확하게 알려주는 것이 낫다. 물론 배수에 대한 보다 정확한 정의는 '정수를 곱한 수'인데 아직 정수를 모르니 교과서에서는 두리뭉실하게 넘어가는 것이다. 문제는 그렇다고 중학교에서 다시 배수를 정의 내리는 것도 아니라는 점이다. 아이가 한 번 '내가 모르는 뭔가가 있다'라는 생각을 가지게 되면 스스로 깊이 생각하기가 힘들어진다. 그러니 설사 다소 오류가 있더라도 분명하게 가르치는 편이 낫다고 본다. 아무것도 없는데 뭔가를 가르치는 것보다 오류를 교정하는 것이 더 쉽고 빠르다.

배수: 초등에서는 자연수(중학생은 정수)를 곱한 수 또는 나누어떨어지는 수

초등학교의 2의 배수: 2, 4, 6, 8, 10, 12, …

중 · 고등학교의 2의 배수: …, −4, −2, 0, 2, 4, 6, …

(2의 배수) = (짝수) = (2로 나누어떨어지는 수)

주어진 수가 어떤 수의 배수인지 아닌지를 나누어보지 않고도 아는 것은 수감각에 해당한다. 예를 들어 어떤 수가 3의 배수인지 아닌지를 알려면 3으로 나누어보면 되지만, 나누어보지 않고도 알 수 있다면 그만큼 남는 시간과 정신적인 여유를 문제에 더 집중할 수 있게 된다. 먼

저 배수 판별법부터 보자!

배수 판별법

1의 배수: 자연수

2의 배수: 일의 자릿수가 짝수인 수 (0, 2, 4, 6, 8)

3의 배수: 각 자릿수의 합이 3의 배수일 때

4의 배수: 끝의 두 자리가 00이나 4의 배수일 때

5의 배수: 일의 자릿수가 00이나 5인 수

6의 배수: 일의 자릿수가 짝수이고, 각 자릿수의 합이 3의 배수일 때

9의 배수: 각 자릿수의 합이 9의 배수일 때

10의 배수: 일의 자릿수가 0일 때

보통 위처럼 배수 판별법을 보여주고 사용하라고 하지만 2, 5, 10의 배수를 제외하고는 사용하지 않는 경우가 많다. 왜 그런지 이유를 보자. 첫째, 3, 4, 6, 9의 배수를 구분하는 방법에 대한 이유를 알려주지 않는다. 둘째, 연습시키지 않으며 해답 풀이를 봐도 답만 나와서 과정을 설명하지 않는다. 이유를 알려주지 않는 것은 지금은 어려우니 그냥 외우라는 것인데 그렇다고 나중에 가르치는 것도 아니다. 필자의 책인 『중학수학 개념사전 92』의 93쪽에서 그 증명을 자세히 다루었지만, 여기에서는 초등학생에 걸맞게 직관적인 방법을 사용하여 알려주려고 한다.

④ 배수 판별법

: 3의 배수끼리 더해도, 곱해도, 빼도 3의 배수가 된다

배수 판별법을 이해하려면 '같은 수의 배수끼리 더해도, 곱해도, 빼도 같은 수의 배수가 된다'라는 것을 먼저 알아야 한다. 예를 들어 3의 배수인 12와 3의 배수인 24를 더하면 또 다른 3의 배수인 36이 된다. 조금만 생각해보면 사실 너무도 당연한 것이다. 3의 4배한 수와 3의 8배한 수를 더하면 3의 12배 한 수가 된다는 것이다. 즉 3의 배수에 3의 배수를 더하면 3의 배수이다. 배수판별법을 이해하려면 반드시 이 의미를 이해해야 다음을 넘어갈 수 있다. 이 말을 기억하면서 '각 자리의 수의 합이 3의 배수일 때 그 수는 3의 배수가 된다'라는 말을 따져보자.

3 예를 들어 234라는 수가 있을 때, 이것을 분해하면 200+30+4이다. 먼저 200을 100이 2개로 더해진 수로 보았을 때, 100은 3의 배수인 99와 1로 갈라진다. 또 30을 10이 3개로 더해진 수로 볼 때, 10은 3의 배수인 9와 1로 갈라진다. 이런 식으로 200+30+4를 보면 (99+1)+(99+1)+(9+1)+(9+1)+(9+1)+4이다. 이것을 이해하기 편하도록 다시 재분류하면 (99+99+2)+(9+9+9+3)+4 ⇨ (99+99+9+9+9)는 3의 배수들의 합이니 3의 배수이고, 나머지 2+3+4가 3의 배수이면 본래의 수인 234가 3의 배수라는 말이다.

⑨ 그런데 2, 3, 4라는 숫자가 234 각 자리의 숫자이니 '각 자리의 수의 합이 3의 배수일 때 3의 배수가 된다'고 한 것이다. 그런데 (99+99+9+9+9)+2+3+4에서 (99+99+9+9+9)는 9의 배수들의 합이기도 하다. 그래서 '각 자리의 수의 합이 9의 배수일 때는 9의 배수이다'라고 한 것이다. 각 자릿수를 더해서 3의 배수이거나 9의 배수이면 본래의 수도 3의 배수이거나 9의 배수가 된다. 이것은 단순히 약분을 빨리하는 수준이 아니라 중·고등학교에서 많이 이용되니 반드시 이해하고 활용하는 연습을 해야 한다.

④ 4의 배수와 25의 배수가 되는 수의 조건도 같은 맥락에서 이해될 수 있다. 4×25=100이니 100은 4의 배수이면서 25의 배수가 된다. 따라서 100씩 더한 수들 즉 200, 300, 400, …, 1000, 1100, … 등 100단위의 수는 모두 4의 배수이며 25의 배수가 된다. 예를 들어 3456을 3400+56으로 보았을 때, 3400은 4와 25의 배수이다. 따라서 56이 4의 배수인지 25의 배수인지를 결정하게 된다는 말이다. 56은 25의 배수는 아니지만 나누어보면 4의 배수이다. 이쯤 읽으면 4의 배수와 25의 배수를 왜 끝 두 자릿수만 보고 판단하는지 이해할 수 있을 것이다.

⑥ 이제 6의 배수가 남았는데 6의 배수는 2와 3의 공배수니 2의 배수조건과 3의 배수조건 모두를 만족시켜야 한다. 한 문제만 풀어보자!

Q. 111은 어떤 수의 배수인지 다음 보기에서 고르면?

① 9의 배수　　　② 11의 배수　　　③ 13의 배수

④ 31의 배수　　　⑤ 37의 배수

답 ⑤

　　111이 2, 5, 10의 배수가 아닌 것은 바로 구분할 수 있을 것이다. 그다음으로 확인해야 하는 것은 3의 배수인가를 확인하는 일이다. 각 자리의 수를 더하면 1+1+1=3인데, 3은 3의 배수이니 111은 3의 배수이다. 헉, 그런데 보기에 3의 배수가 없다. 그렇다고 111을 보기의 숫자로 일일이 나누어볼 필요는 없다. 111이 3의 배수였으니 3으로 나누어보면 37×3=111임을 알 수 있어 답은 ⑤이다.

　　이 문제를 쉽게 풀려면 세 가지를 알아야 한다. 첫째, 3으로 나누어떨어질 때의 몫은 다시 그 수의 배수라는 생각을 가져야 한다는 점이다. 둘째, 37과 3이 모두 소수(약수가 2개인 수)이므로 더 이상 나누어지는 수는 없다. 다른 수로도 나누어질지 모른다고 생각하지 않아도 된다. 셋째, 같은 숫자로 된 세 자릿수는 모두 37의 배수다. 같은 숫자로 된 세 자릿수들을 직접 열거하면 111, 222, 333, 444, 555, …, 888, 999이다. 그런데 111은 37×3이니 이들 세 자릿수들은 당연히 37의 배수이고, 또 3의 배수다. 111은 중2에서 꼭 쓰이는 숫자니 기억해야 한다.

⑤ 짝수와 홀수
: 짝수는 2의 배수이고 홀수는 짝수가 아닌 수

필자는 초등학교에 들어가기도 전에 이미 딱지 따먹기 놀이로 짝수
와 홀수를 익혔다. 요즘은 초등 5학년에서야 비로소 짝수와 홀수를 배
우지만 익히는 데 한참 걸린다. 쉽게 보이는 짝수와 홀수조차 수감각
이 자랄 때까지는 오래 걸린다는 것을 실감하는 부분이다. '짝수는 2의
배수이고, 홀수는 짝수가 아닌 수'로 정의된다. 짝수가 2의 배수라고
알려주고 홀수가 뭐냐고 하면 1의 배수나 3의 배수를 말하는 아이들이
많다. 홀수가 무엇인지는 알지만 짝수가 2의 배수라니까 홀수도 무언
가의 배수일 것이라는 생각에 이런 대답을 하는 것이다. 홀수란 짝수
가 아닌 수로 정의된다는 말은 자칫 자연수 전체가 짝수와 홀수로만 구
성된다는 것으로 착각하기 쉽지만, 실제로는 모든 정수를 짝수와 홀수
로 나눌 수 있다는 것을 뜻한다. 짝수와 홀수는 초등은 물론 중·고등에
서도 수감각을 물어보는 대표적인 소재이니 확실하게 정리하기 바란다.

이제 성질을 알아볼 텐데 실제로는 정직하게 문제가 나오는 것이
아니라 거꾸로 물어본다. 따라서 안다고 끝내지 말고 정리된 것을 기
억해야 제대로 사용할 수 있다. 두 수를 더해서 짝수가 나왔다는 것은
두 수가 모두 짝수이거나 홀수라는 말이다. 또 두 수를 더해서 홀수가
나왔다면 홀수와 짝수의 합이라는 것이다. 두 수의 곱이 홀수가 되려
면 두 수가 모두 홀수여야 한다. 짝수와 홀수에서 가장 많이 사용하는

것이니 반드시 기억해자.

짝수와 홀수: 짝수는 2의 배수이고, 홀수는 짝수가 아닌 수

짝수와 홀수의 계산 성질

1) (홀수) ± (홀수) = (짝수), (홀수) ± (짝수) = (홀수)

(홀수) ± (짝수) = (홀수), (짝수) ± (짝수) = (짝수)

2) (홀수) × (홀수) = (홀수), (홀수) × (짝수) = (짝수)

(홀수) × (짝수) = (짝수), (짝수) × (짝수) = (짝수)

3) 소수 중에 짝수는 '2' 하나이고 나머지는 모두 홀수이다.

사족이지만 몇 개만 말해본다.

① 두 수의 곱이 짝수라면 적어도 하나는 짝수이다.

② 두 수의 곱이 홀수라면 두 수는 모두 홀수이다.

③ 두 홀수의 차이는 항상 짝수이다.

④ 홀수와 짝수의 차이는 항상 홀수이다.

한 문제만 풀어보자.

Q. 두 소수의 합이 25일 때, 두 소수의 곱을 구하여라.

🈁 46

두 수의 합이 홀수이니 두 수 중 하나는 짝수고 하나는 홀수여야 한다. 그런데 소수는 유일한 짝수 2가 있고 나머지 수는 모두 홀수다. 따라서 두 수는 2와 23이어야만 하고 답은 $2 \times 23 = 46$이다.

0은 있다가 없는 거?
0으로 사기 치기

조 선생   0에는 어떤 뜻이 있을까?

아이   없다는 거지요.

조 선생   그래, 없다는 뜻이야. 그런데 없으면 안 쓰면 되지 왜 0이야?

아이   없다는 것을 나타내야만 했나 보지요.

조 선생   그래서 고민해봤더니 없는 것에는 '원래 없는 것'과 '있다가 없는 것'으로 나누어지는 것 같아. 그중 수학에서는 대부분 있다가 없는 것을 0으로 쓰는 것 같아.

아이   '있다가 없는 거'라. 무슨 뜻이에요?

조 선생   예를 들어볼게. '3−3='은 뭐야?

아이   0이요.

조 선생   3에서 3을 빼면 없잖아. 없는 거니 안 쓰면 안 돼?

아이   안 쓰면 안 돼요. 0을 안 쓰면 틀릴 걸요?

조 선생   맞아. 안 쓰면 틀릴 거야. 3에서 3을 빼면 있다가 없어졌잖아. '있다가 없는 것'이 0이니 0을 써야 하는 거지. 그리고 등호의 왼쪽과 오른쪽이 같다는 등식의 성질에도 맞잖아.

아이   예를 또 들어봐요.

조 선생   예를 들어 방바닥에 지금 아무것도 없잖아. 그런데 내가 너에게 "여기 있던 만 원짜리 한 장 어디 간 거야?"라고 묻는다면 뭐라고 할래?

아이   "선생님, 사기 치지 마세요."라고 해야죠.

조 선생   그럼 이번에는 만 원짜리를 방바닥에 놓았다가 가져가면서 묻는 거야. "여기 있던 만 원짜리 한 장 어디 간 거야?"라고 묻는다면 너 뭐라고 할래?

아이   "선생님이 가져갔잖아요."라고 해야죠.

조 선생   만 원짜리가 원래 없을 때 왜 0원이냐고 묻는 건 안 되고, 놓았다가 가져가고 왜 0이냐고 묻는 건 되는 거지.

아이   오, 말 되는데요.

조 선생   그러니까 원래부터 없는 것이 아니라 있다가 없는 상황에서 0을 써야 한다는 것이지. 그래서 자연에는 0이 없는 거야.

아이   자연에는 왜 0이 없어요?

조 선생   예를 들어 남산에 가서 산에게 "너는 왜 바나나 나무가 0그루야?"라고 물으면 될까?

아이   안 될 것 같네요.

조 선생   그래서 자연수에는 0이 없는 거야. 0은 사람이 있다가 없는 상황을 표현하려고 만들어낸 거야.

아이 '있다가 없는 것'이 0이라는 예를 더 말해주세요.

조 선생 이번에 거듭제곱을 배웠잖아. 그렇다면 3^0은 뭘까?

아이 3을 안 곱했으니 0이겠네요.

조 선생 아니, 틀렸어. 0은 원래부터 없는 것이 아니라 있다가 없는 것
이라고 했잖아.

아이 0이 '있다가 없는 것'이라는 건 알겠지만 적용시킬 수가 없어
요. 더 알려주세요.

조 선생 예를 들어 3을 두 번 곱했다가 도로 3을 두 번 나누어주는 거야.

아이 그럼 $3 \times 3 \div 3 \div 3$이라는 말이에요?

조 선생 응, 더 간단히 3을 한 번 곱했다가 3을 한 번 나누어주었다고 해
도 돼.

아이 $3 \times 3 \div 3 \div 3 = 1$, $3 \div 3 = 1$이니 그렇다면 $3^0 = 1$이라는 거네요.

조 선생 맞아.

아이 그런데 이런 식이면 $5^0 = 1$, $6^0 = 1$, $7^0 = 1$ 등 모든 수의 0 제곱은 1
이겠네요.

조 선생 맞아, 똑똑한데. 그런데 안 되는 게 있어.

아이 안 되는 건 또 뭔데요?

조 선생 0^0은 1이라고 할 수 없어.

아이 $0 \div 0$이라고 하면 되잖아요.

조 선생 그래, $0 \div 0$이라고 할 수는 있는데 '$0 \div 0 =$'을 계산할 수는 없어.

아이 $0 \div 0$은 그냥 0 아닌가요?

조 선생　나누기는 같은 수의 빼기를 몇 번 했는지 세는 게 귀찮아서 만들어졌잖아? 0에서 0을 몇 번 빼면 0이 되니?

아이　0에서 0을 못 빼나요?

조 선생　아니, 당연히 0에서 0을 빼지. 그런데 몇 번 뺐다고 말할 수가 없는 거지. 한 번 빼도 두 번 빼도 세 번 빼도 되고 계속 빼도 돼. 심지어는 안 빼도 돼.

아이　그래서 답이 뭐라는 거예요?

조 선생　나도 모르지. 어떤 수도 되는 거니까.

아이　진짜 알다가도 모르겠네요.

조 선생　맞아. 0에 대해서는 선생님도 아직 다 모르겠고 계속 알아가려고 해.

아이　그동안 0과 관련된 문제가 나오면 대충 0이라고 하면 돼서 좋았었는데.

조 선생　바로 그런 마음이 들까봐 얘기한 거야. 0이라는 수는 어렵고도 중요한 수라서 대학입학시험에도 꼭 나온단다.

아이　정말요?

조 선생　그럼, 어렵고 중요한 것이 안 나오면 무슨 문제가 나오겠니?

아이　알았어요. 0에 대해 신경 쓸게요.

조 선생　오늘 공부한 것 중 0은 '있다가 없는 것' 그리고 자연수에는 0이 들어가지 않는다는 것은 잊지 마라.

아이　신경 쓴다니까요.

수분해 빠르기 연습하기

이 워크시트는 실제 중학교에서 소인수분해의 문제로 자주 사용되는 수들이다.
좀 쉬운 문제는 1분 정도에도 할 수도 있겠지만, 아래의 문제는 좀 어려워서 3분 정도가 나
온다면 통과!

다음 수를 소수들의 곱으로 나타내어라.

(1) 36   (2) 70

(3) 130   (4) 80

(5) 108   (6) 54

(7) 100   (8) 81

(9) 126   (10) 72

(11) 180   (12) 120

(13) 160   (14) 360

(15) 720   (16) 144

⒄ 135 ⒅ 162

⒆ 810 ⒇ 1000

⑴ 36의 약수들 중에서 찾아야 하는데, 제곱수인 4나 9는 떠올려야 할 일 순위다. 4×9이니 $2 \times 2 \times 3 \times 3$이다.

⑵ 소수인 7이 보일까? 7×10이니 $7 \times 2 \times 5$이다. 소수를 크기 순서 대로 적을 필요는 없다.

⑶ 역시 13이 보인다면 $13 \times 2 \times 5$

⑷ 큰 수를 분해할 때, 적당히 큰 수의 곱으로 분해해야 한다. 8×10이 보이니 $2^3 \times 2 \times 5$인데 꼭 거듭제곱으로 정리해야 하는 것은 아니다.

⑸ 108이 4의 배수이고 9의 배수인 게 보일까? 08이면 4의 배수, $1+0+8=9$이니 9의 배수다. 그렇다면 4보다는 9로 나누어야겠지? 9×12이니 $3^2 \times 3 \times 4$

⑹ 뭇창 중에 9×6이니 $3^2 \times 3 \times 2$

⑺ 10×10이니 $2 \times 5 \times 2 \times 5$

⑻ 이미 외웠겠지만 안 외워졌다면 9×9이니 3^4

⑼ $1+2+6=9$로 9의 배수이니 $9 \times 14 = 3^2 \times 2 \times 7$

⑽ 뭇창의 수로 $9 \times 8 = 3^2 \times 2^3$

⑾ 18×10으로 분해하고 18은 9×2이니 $3^2 \times 2 \times 2 \times 5$

⑿ 12×10에서 12는 4×3이니 $2^2 \times 3^2 \times 2 \times 5$

⒀ 16×10에서 16은 2^4이니 $2^4 \times 2 \times 5$

⒁ $4 \times 9 \times 10$이니 $2^2 \times 3^3 \times 2 \times 5$

⒂ $9 \times 8 \times 10$이니 $3^2 \times 2^3 \times 2 \times 5$

⒃ 1+4+4=9로 9의 배수이니 9×16으로 $3^2 \times 2^4$

⒄ 1+3+5=9로 9의 배수이니 9×15로 $3^2 \times 3 \times 5$

⒅ 1+6+2=9로 9의 배수이니 9×18로 $3^2 \times 3^2 \times 2$

⒆ $9 \times 9 \times 10$이니 $3^2 \times 3^2 \times 2 \times 5$

⒇ $10 \times 10 \times 10$이니 $2 \times 5 \times 2 \times 5 \times 2 \times 5$로 답을 써도 좋지만 마지막 문제이니 정리해보면 $2^3 \times 5^3$

8. 분수
_ 대충 하면 수포자를 예약한 것과 같다

중·고등학교를 거치면서 수에는 자연수, 분수, 소수, 정수, 유리수, 무리수, 실수, 허수 등이 있다고 배운다. 수의 종류가 많은 것 같지만 알고 보면 그 근본에는 자연수와 분수밖에 없다. 자연수가 힘들었던 이유는 큰 수 때문이었는데 중·고등학교에서는 큰 수들을 많이 다루지 않으니 결국 수학이 점점 어려워지는 이유는 분수 때문이다. 분수 이전까지 배운 것들이 모두 분수에서 사용되고, 대부분 분수로 귀결된다는 사실을 기억해야 한다. 분수의 사칙연산은 물론이고 분수에서 사용되는 개념을 이해하지 못하면 계속 수학이 어려워지니 튼튼히 잡아서 계속해야 한다.

그러나 실상은 분수의 개념은 고사하고 중학생의 절반 이상이 분수의 사칙계산조차 못하고 있으며, 이런 아이들은 학원이고 과외고 다 소용없다. 학원에서의 강의가 이해가 안 된다는 중학생들이 있는데,

분수의 연산조차 안 되는 경우로 매정하게 들리겠지만 학원 수업은 아무런 도움이 되지 않는다. 또 이해는 되지만 막상 풀려면 안 된다는 아이가 있다면 분수의 개념이 명확히 잡히지 않은 경우다. 분수를 잘 하지 못하면 고생은 고생대로 하고, 결국 중3에 이르면서 모두 수학을 포기하게 된다. 시간이 있는 초등학교 때 하면 가장 좋겠고, 그러지 않은 중학교 1~2학년이라면 그래도 시간이 있으니 분수의 개념과 분수의 사칙연산을 반드시 확실하게 잡아야 한다.

4학년, 계산보다 중요한 분수의 의미 찾기

4학년에서 큰 수는 하루에 한 문제씩만 풀라고 했다. 그것마저도 여의치 않으면 버리라고도 했다. 큰 수를 버리면 다양한 확장, 그 중에 분수의 의미를 가르치는 심적 여유를 가질 수 있다. 분모가 같은 분수의 덧셈과 뺄셈이라는 연산에 치중하기보다는 분수 자체의 의미와 성질을 중점적으로 공부해야 한다. 차차 나아지겠지만 많은 아이들이 분수의 분모와 분자의 수가 각각으로 보여서 분수 자체를 단일한 수로 인식하지 못한다. 분수란 자연수와 달리 2개의 숫자로 되어 있다. 물론 분수의 분모는 전체를, 분자는 부분을 의미한다.

왜 2개의 숫자가 모여 하나의 숫자가 되었을까? 어떤 것을 똑같이 나눌 때는 전체를 나타내는 수와 부분을 나타내는 수가 필요하고, 비를 나타낼 때도 기준이 되는 수와 비교하는 수가 필요하다. 또 나눗셈의 몫을 구할 때도 나누는 수와 나누어지는 수 등 항상 두 부분이 있어야 하기 때문이다. 이처럼 단일한 수로 표현되는 자연수와는 달리 분수는 항상 비교 대상이 존재한다. 따라서 분수는 두 수 또는 세 수에 주의를 기울이면서 구조에 정통해야만 한다는 데 그 어려움이 있다. 이들의 관계는 실질적으로 약수와 배수들의 관계로 압축되고, 연습을 통해 수감각이라는 상위목표로 진행된다.

필자의 다른 책에서도 분수의 사칙계산에 대해 많이 강조하였다. 초등 1~2학년에 자신감을 보이던 아이들이 3학년에서 35%, 4학년에서 50%, 5학년에서 70%, 초등 6학년에는 80%로 수학을 싫어하는 비율이 높아지고, 급기야 중2가 되면 90%에 가까운 아이들이 수학을 싫어하게 된다. 비율이 가장 가파르게 나타나는 때가 바로 분수를 배우는 5학년이다. 빠르거나 수감각을 기른 아이는 어렵지 않게 넘어가지만, 그렇지 않다면 적어도 5학년 한 해는 힘들 셈 치고 반드시 충실히 분수를 잡아야 할 것이다. 오랫동안 분수의 연산을 하는 이유는 절차로서가 아니라 수 자체로 인식하고 연습하기 위해서다.

학교교육에서는 분수 계산의 절차적인 기능을 강조하기 때문에 긴 과정의 식을 쓰게 하고 중간식을 생략하면 심지어는 틀렸다고 한다. 아이의 입장에서 생각해보자! 분수의 연산과정을 이해하기 어려운 것은 아니지만 길게 써야 한다는 부담감은 몹시 크다. 아이는 귀찮으니 할 수 있다며 자꾸 등한시하고 연습을 하지 않게 된다. 긴 과정을 다 써야 한다면 필자라도 계속하기 싫을 것이다. 개념을 이해하기 위해 과정을 알려주는 것은 맞지만, 계산의 알고리즘을 강조함으로써 수식이 길어지고 정작 길러줘야 할 기본적인 것들은 그 속에 묻혀 버리는 것이다. 분수 연습을 많이 시키지 않는 이유는 분수를 단순한 수의 계산으로만 파악하기 때문이다. 분수의 사칙계산을 연습하는 것은 연산 자체로서도 의미가 있지만, 최대공약수와 최소공배수가 직관적으로 나올 수 있도록 수감각을 연습할 수 있는 곳이 이곳밖에 없기 때문이다. 분수가 잘 안 되는 중학생은 예외 없이 모두 수학을 포기하게 된다는 사실을 기억하고, 초등학교 졸업까지는 반드시 잡아주어야 다음을 기약할 수 있게 된다.

분수의 사칙연산을 하기 전에 갖추어야 할 기본적인 것들이 있다. 분수의 의미(전체에 대한 부분/양/몫/비의 의미), 분수의 기준, 분수의 위대한 성질 등 여러 가지가 있는데 여기서는 분수의 기준과 분수의 위대한 성질만을 다룬다.

분수의 기준? 단위분수!

말이나 글 그리고 무슨 생각을 하든 처음에는 뭔가가 있어야 하는데, 바로 그 무엇이 되는 것이 기준이다. 이 기준에 살을 붙여 나가야 논리 정연한 생각으로 발전할 수 있게 된다. 분수에도 여러 가지 기준이 있는데, 예를 들어 1, 분모, 단위분수 등이 기준이 된다. 단위분수도 여러 가지 개념을 설명하기 위한 하나의 '기준'으로서 중요한데 다른 것에 비해 소홀히 하는 듯해서 별도로 다루어 보겠다.

'3개에 600원인 어떤 물건 7개의 값은 얼마인가?'라는 문제가 있다. 4학년 혼합계산에서 많이 나오는 유형인데, 많은 아이들이 이런 문제를 처음 접하면 '3개에 600원이니 6개면 1200원이고' 식으로 생각을 전개하다가 막히곤 한다. 만약 아이가 '1개의 값은 얼마일까?'라는 생각을 갖고 1개가 200원임을 안다면 값을 구하는 게 쉬울 것이다. 1개의 값을 먼저 구해야 하는 이유는 1개, 즉 1이 자연수의 기준이기 때문이다. 자연수의 기준이 1이라면 분수는 $\frac{1}{2}, \frac{1}{3}, \frac{1}{4}, \frac{1}{5}, \cdots$ 같은 각각의 단위분수가 모두 기준이 된다.

예를 들어 $\frac{3}{5} + \frac{4}{5}$ 라는 문제가 있다면, 두 분수의 기준은 $\frac{1}{5}$이며 단위분수가 같으니 바로 계산할 수 있다고 생각할 수 있어야 한다. 그래야 분모가 다른 분수의 덧셈에서도 '기준을 같게 만들어야겠다'는 생각이 들 수 있다. 3+4, 가분수를 대분수로 바꾸는 것, 통분 등을 하는 이유를 모른다면 하나하나가 낱낱이 흩어져서 더 많은 연습을 해야 되는 결과를 가져오게 된다.

분수의 '위대한' 성질 - 배분, 약분, 통분

'분모와 분자에 0이 아닌 같은 수를 곱하거나 같은 수로 나누어도 분수의 크기는 같다'는 성질이 있다. 교과서에는 분수의 성질이라는 말도 없지만 필자는 임의로 '분수의 위대한 성질'이라고 이름을 붙여서 아이들에게 외우게 시킨다. 아이들은 '위대한'이라는 말 자체를 재미있어 하면서도 "그게 뭐가 위대하다는 거예요?"라고 묻는다. 이 반응을 기대하고 그런 이름을 붙였다. 당장 분수의 약분과 사칙계산에서 이 성질이 모두 쓰이며, 중·고등학교를 거치면서도 계속 사용된다. 이 성질은 배분과 약분이라는 것으로 분류할 수 있다.

> 분수의 위대한 성질: 한 분수의 분모와 분자에 0이 아닌 같은 수를 곱하거나 같은 수로 나누어도 분수의 크기는 같다.
>
> 배분: 분모와 분자에 0이 아닌 같은 수를 곱해도 그 크기는 변하지 않는다.
>
> 약분: 분모와 분자를 0이 아닌 같은 수로 나누어도 그 크기는 변하지 않는다.

이것을 학교과정으로는 보면 4학년에서는 '배분', 5학년에서는 '약분'을 배우게 된다. 위 정의를 쉽게 풀어보자.

1) '분모와 분자에 같은 수를 곱하거나 나누어도 된다'는 말의 의미

수학에서는 무엇이 된다고 하면 '되는군!' 하고 넘어갈 게 아니라 '된다고 한 나머지는 모두 안 된다'라는 생각으로 정리해야 한다. 이 것은 분모와 분자에 같은 수를 곱하거나 나누는 것을 제외하고는 다른 어떤 셈으로도 같은 분수를 만들지 못한다는 것을 의미한다. 즉 분모 와 분자에 같은 수를 더하거나 빼면 다른 분수가 된다는 것이다. 물론 분모와 분자에 각각 다른 수를 더하거나 빼서 같은 분수를 만들 수 있 으며 이것을 이용하는 5~6학년 문제가 여러 개 있다.

2) '한 분수'라는 단어의 의미

쓸데없는 사족이지만 아이들이 자주 혼동하기에 미연에 방지하고 자 붙인 단어다. 대표적인 예를 들어보면 $1\frac{4}{8}$ 를 약분하라고 하면 간혹 가분수 $\frac{12}{8}$ 로 고치고 약분하여 $\frac{3}{2}=1\frac{1}{2}$ 이라는 긴 과정의 답을 내는 학 생들이 있다. $1\frac{4}{8}=1+\frac{4}{8}=1+\frac{4\div4}{8\div4}=1+\frac{1}{2}=1\frac{1}{2}$ 로 해도 한 분수의 분모 와 분자에 같은 수로 나누는 것에 위배되지 않는다. 이것을 정확하게 해놓지 않아 두 분수인 $\frac{2}{5}+\frac{3}{4}$ 에서 2와 4를 약분하여 푸는 중학생이 심 심치 않게 보인다. 분수의 곱하기 알고리즘을 잘 이해하지 못하고 풀 었다가 알고리즘도 기술이니 곧 잊어버린 탓이다.

3) 0으로 곱하거나 나누면 안 되는 이유

앞에서 0으로 나누면 안 되는 이유를 간략하게 설명했었다. 그래서 분모와 분자를 0으로 나누면 안 된다. 0으로 나누면 분모가 되는데 0으 로 나눌 수 없으니 분수의 분모는 0이 될 수 없다. 아이에게는 '분모와 분자에 0을 곱하면 분모가 0이 되어 분수가 되지 않기 때문이다'라고 간략하게 설명하면 된다.

이러한 것들은 정확하게 해놓지 않으면 나중에 배우는 등식의 성질과 혼동하여 많은 중고생들이 오답을 일으키곤 한다. 등식의 성질에 따라 양변에 같은 수를 나누는 것을 약분이라고 한다든지, 분수계수 방정식의 양변에 최소공배수를 곱하는 과정을 통분이라고 하는 것이 대표적이다. 용어만 혼동되지 푸는 것은 같다고 할지도 모르겠지만, 이것은 아이의 불안을 지속시키는 원인이 된다. 또한 등식의 성질에는 양변에 0을 곱해도 되지만, 분수의 위대한 성질에서는 분모와 분자에 0을 곱해서는 안 된다. 수학에서 가장 중요한 '등식의 성질'이 혼동되면 정말 곤란해진다.

시중 학습지 활용하기

분수의 개념, 분수의 덧셈과 뺄셈, 분수의 곱셈과 나눗셈, 분수의 사칙계산 등 4권을 각 권당 약 100쪽으로 만들고 다음과 같은 방법으로 하면 된다.

- 분수의 개념은 분수의 의미, 가분수와 대분수의 교환, 동분모의

덧셈과 뺄셈, 최대공약수와 최소공배수, 소수(약수가 2개인 수), 약
분을 담고 있으면 된다.

- 분수의 덧셈과 뺄셈은 순차적으로 하되 덧셈에 비중을 좀 더
  둔다.
- 분수의 곱셈과 나눗셈은 먼저 분수와 소수 $\frac{1}{2}$=0.5, $\frac{1}{4}$=0.25,
  $\frac{1}{8}$=0.125, $\frac{3}{4}$=0.75, $\frac{3}{8}$=0.375, $\frac{5}{8}$=0.625, $\frac{7}{8}$=0.875 등 7개를
  완전하게 외울 수 있도록 문제를 편성하고, 곱셈을 해결할 때는
  분수와 소수의 곱셈까지, 나눗셈도 분수 나누기 소수까지 순차
  적으로 만든다.
- 분수의 사칙계산은 분수의 덧셈과 뺄셈, 곱셈과 나눗셈을 섞어
  놓고 어떤 문제를 풀더라도 빠르고 정확하게 나오도록 해준다.

빠르기, 직관적으로 나오면 통과!

각 권을 연속해서 최소 3번 이상씩 풀어나가야 한다. 약분은 분수
의 모든 연산에서 사용되며 수감각을 요구하고 또한 감각을 길러준다.
분수의 연산 중에서도 가장 재미없는 곳이다. 잘하는 아이라도 최소한
두 달 이상은 약분 연습을 충분히 해야 한다. 약분을 연습해도 잘 안
되는 아이가 있을 수 있는데 그 이유는 아이가 나눗셈이 잘 안 되기 때
문이다. 만약 심각하게 약분이 어렵다면 3학년의 곱셈과 나눗셈을 병

행해야 한다. 그러니 3학년의 빠르기 부분을 완벽하게 하여서 다시는 후행하는 공부를 만들면 안 되는 것이다. 약분이 잘 된다면 분수의 곱셈과 나눗셈에서 이 시간을 보상해줄 것이다. 그런데 분수의 덧셈과 뺄셈을 여러 번 공부하고 분수의 곱셈과 나눗셈을 해도 이미 분수의 덧셈과 뺄셈을 하는 방법이 가물가물해질 것이다. 분수의 사칙계산이 혼동 없이 나올 수 있고, 웬만한 분수는 계산 과정 없이 곧장 답이 나올 수 있을 때까지 계속해야 한다. 분수의 연산을 할 수 있느냐 없느냐를 기준으로 문제풀이의 반복 횟수를 결정해서는 안 된다. 분수의 연산 목적은 연산 자체가 아니라 최대공약수와 최소공배수가 직관적으로 나오도록 하는 데 있다. 분수의 수가 작다면 다소 지나칠 정도로 많이 해서라도 5~6개의 암산이 힘이 들지 않도록 시간이 허락하는 한 여러 번 풀기 바란다.

중학교 때 수학을 다시 잘하는 아이는 초등학교 수학의 '분수'에서 그 원인을 찾을 수 있다. 초등학교 수학에서 분수가 차지하는 비중을 묻는다면 거의 전부라고 해야 할 것이다. 초등학교 5학년 아이가 분수의 사칙계산까지 잘하면 하던 대로만 해도 중학교까지는 문제없다고 말하는데, 필자의 이런 예상은 빗나간 적이 없다.

지겨워도 식은 다 써야 한다고? 누가 그래?

모든 아이가 이해할 수 있도록 계산에 필요한 순서를 식으로 가르치는데 이를 '알고리즘'이라고 한다. 알고리즘은 문제를 해결하는 데 있어 올바른 답이 나오는 이유와 의미를 설명해준다. 처음에는 모든 아이에게 그 이유와 알고리즘을 가르치는 것이 맞다. 그러나 알고리즘은 몇 번의 연습만으로 충분하다. 알고리즘이 필요하지 않은 아이에게 계속 알고리즘을 강조하고 강제해서는 안 된다. 사실 알고리즘은 매번 그 이유를 알려주기가 어려우니 만든 것으로 만능도 아니며, 알고 보면 기술이라서 쉽게 잊혀지기 때문에 많은 중학생들에게 문제가 되었던 것이다. 알고리즘은 못하는 아이를 중간 수준으로 끌어올리는 장점이 있지만, 잘하는 아이를 중간 수준으로 끌어내리는 단점도 있다. 특히 직관적으로 나와서 도구적으로 사용해야 하는 수(자연수와 분수)의 연산 과정이 길어지면 지루해진다. 많은 선생님들이 과정 없이 답을 쓰면 안 된다고 가르치고 심지어는 틀렸다고 하면서 과정을 길게 늘어놓도록 시키는데, 아이 입장에서는 여간 번거로운 게 아니다. 알고리즘 대로 한 문제를 푸는 시간에 중간식을 생략하고 암산하게 하면 같은 시간에 두세 문제를 풀 수 있으니 아이는 자신감을 갖게 될 것이다.

예를 들어, $\frac{1}{2}+\frac{1}{3}$ 이라는 문제가 있다면 중간과정은 생략한 채 그냥 $\frac{5}{6}$ 가 나와야 하고 $2\frac{1}{2}+1\frac{1}{3}$ 역시 $3\frac{5}{6}$ 가 직관적으로 튀어나와야 한다. 잘하는 아이에게 $2\frac{1}{2}+1\frac{1}{3}=2\frac{3}{6}+1\frac{2}{6}=3\frac{5}{6}$ 처럼 중간식을 쓰게 하면 가

분수를 대분수로 고치거나 약분해야 하는 곳에서 길어지는 식 때문에 정작 해야 할 것을 안 하게 될 우려가 있다. 분수의 사칙계산에서는 사칙계산을 자유롭게 처리하고 최소공배수와 최대공약수를 직관적으로 얻는 것이 목표다. 자연수의 연산과정을 초등 고학년에서 사용하지 않는 것처럼 어떤 중학교 문제도 분수의 중간식을 쓰라고 하지 않는다. 그러므로 알고리즘에 갇혀 아이의 연습의 분량이 줄어든다면 정작 중요한 것을 놓치게 될 것이다.

분수의 연산과 7개의 소수

분수를 완전하게 공부하는 것은 무척이나 오래 걸리고 지루한 과정이다. 교과과정으로 보면 2년 반이고, 필요한 것만 발췌해서 공부한다 해도 완성하는 데 거의 1년에 가까운 시간이 든다. 분수의 사칙계산이 어려워서 오래 걸리는 것이 아니다. 이해만을 목표로 한다면 앉은 자리에서 30분이면 다 알려주고 그 자리에서 풀릴 수도 있다. 아이에게 약분을 알려주면 약분을 하고, 분수의 덧셈과 뺄셈을 알려주면 그 역시 한다. 문제는 분수의 곱셈을 알려주고 있을 때쯤이면 벌써 분수의 덧셈과 뺄셈을 잊어버린다는 점이다. 해결 방법은 하나하나 튼튼히 다지고 마지막으로 흔드는 작업까지 해주는 수밖에 없다. 한두 번만 풀어도 알 것 같은데 계속 풀어야 하고 단번에 답도 나오지 않으니 아이

입장에서는 고역이지만 별것 아닌 것 같아 보이는 약분 문제와 분수의
덧셈과 뺄셈은 어떤 연산보다도 많이 풀어봐야 한다.

외워야 하는 소수를 분수로 고치기

$0.5=\dfrac{1}{2}$, $0.25=\dfrac{1}{4}$, $0.75=\dfrac{3}{4}$, $0.125=\dfrac{1}{8}$, $0.375=\dfrac{3}{8}$, $0.625=\dfrac{5}{8}$, $0.875=\dfrac{7}{8}$

7개의 확장: $0.05=\dfrac{1}{20}$, $0.15=\dfrac{3}{20}$, $0.35=\dfrac{7}{20}$, $0.45=\dfrac{9}{20}$, $0.55=\dfrac{11}{20}$,

$0.65=\dfrac{13}{20}$, $0.85=\dfrac{17}{20}$, $0.95=\dfrac{19}{20}$

기본이 되는 7개만 외우고 조금만 더 확장하면 웬만한 분수와 소
수는 그냥 교환이 가능하게 된다. 처음에는 $\dfrac{1}{2}$=0.5, $\dfrac{1}{4}$=0.25, $\dfrac{3}{4}$=0.75,
$\dfrac{1}{8}$=0.125, $\dfrac{3}{8}$=0.375, $\dfrac{5}{8}$=0.625, $\dfrac{7}{8}$=0.875를 이해하고 연습해야겠지만,
최종적으로는 소수를 분수로 고치는 것이 기계적으로 나와야 한다.
중·고등학교에 가면 소수를 분수로 고치는 문제가 더 많이 나오기 때
문이다.

7개만 알면 소수랑 분수가
네 맘대로 바뀌지

조 선생 $\frac{1}{2}$의 반이 뭐야?

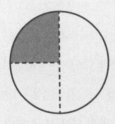

아이 $\frac{1}{3}$요.

조 선생 뭐라고? 이게 $\frac{1}{3}$이라고? 아니야.

아이 역시 아니지요. 모르겠어요.

조 선생 내가 선 하나만 그려도 금방 알 텐데. 이렇게 하면 알겠니?

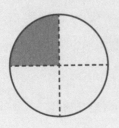

아이   이제 알아요. $\frac{1}{4}$요.

조 선생 $\frac{1}{4}$의 반이 뭐야? (이때 등분을 다시 알려주어도 된다.)

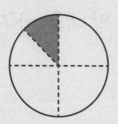

아이 $\frac{1}{8}$요.

조 선생 $\frac{1}{8}$의 반은 안 물어본다.

아이   에이, 알아요. $\frac{1}{16}$이죠?

조 선생   그래, 그런데 안 물어본다고 했지.

위의 질문들은 한 번에 여러 번 하지 말고 다음 질문에서 잘 대답하지 못할 때, 즉 필요할 때만 사용해도 충분하다.

조 선생 $\frac{1}{2}$이 소수로 뭐야?

아이   알아요. 0.5요. (아이가 알지 못하면 $\frac{1}{2}=\frac{5}{10}=0.5$로 알려주거나 6학년에서 알려

주는 방법대로 직접 소수점 아래까지 나누기를 하면 된다.)

조 선생 $\frac{1}{4}$은 소수로 뭐야?

아이   그걸 어떻게 알아요?

조 선생 $\frac{1}{2}$의 반이 $\frac{1}{4}$이잖아. 그럼 0.5의 반은 뭐야?

아이　못 나누어요.

조 선생　0.5는 0.50과 같지. 그러면 50의 반은 뭐야?

아이　25이니까 0.25요.

조 선생　$\frac{1}{8}$은 소수로 뭐야?

아이　이것도 어려운데요.

조 선생　마찬가지로 0.25의 반이겠지. 0.250의 반이 뭐야?

아이　잠깐만요. 나누어봐야 해요.

조 선생　직접 나누지 않고도 할 수 있어. 250원이 있다면 먼저 100원씩 나누어 갖고 나머지 50원도 반으로 나누면 되잖아.

아이　125니까 0.125요.

조 선생　$\frac{1}{2}$=0.5, $\frac{1}{4}$=0.25, $\frac{1}{8}$=0.125를 확실하게 외워야 해!

아이　벌써 다 외웠는데요.

조 선생　$\frac{3}{4}$은 소수로 뭐야?

아이　$\frac{1}{4}$=0.25이니 $\frac{3}{4}$은 0.25×3=0.75겠네요.

조 선생　좋아. $\frac{3}{8}$은 뭐야?

아이　0.125×3=0.375요.

조 선생　$\frac{5}{8}$는 뭐야?

아이　0.125×5=0.625네요.

조 선생　(머리를 살짝 때리면서) $\frac{5}{8}$는 0.625라서 이거 못 외울 때면 항상 머리에 전쟁(625전쟁)난다.

아이　이건 꼭 외워야겠네요.

조 선생   마지막 문제야. $\dfrac{7}{8}$ 은 뭐야.

아이   0.125×7은 더 계산하기 싫은데요?

조 선생   분모와 분자의 수인 8, 7과 관계있는 0.875이야.

아이   이거 다 외워야 해요?

조 선생   당근이지. 이거만 확실하게 외우면 당장 6학년에서도 많이 써

먹지만 중·고등학교에서 소수 때문에 힘들지는 않게 되지.

아이   알겠어요.

책상에 딱 붙여 놓고 분수 연산 매일 풀기

분수의 사칙연산이 끝났다고 생각했는데도, 간혹 틀린다면 책상에 다음 시트를 붙여놓고 매일 한 번씩 입으로 머리로 암산해본다. 자주 쓰는 것이라 매일 해야 하기 때문에 최소한으로 문제 수를 제한했으니 꼭 익숙해질 때까지 연습한다.

(1) $4 + \dfrac{1}{3} =$

(2) $\dfrac{1}{2} + \dfrac{1}{3} =$

(3) $2\dfrac{1}{2} + 1\dfrac{1}{3} =$

(4) $3\dfrac{1}{2} - 1\dfrac{1}{3} =$

(5) $3\dfrac{1}{3} - 1\dfrac{1}{2} =$

(6) $\dfrac{1}{2} \times \dfrac{1}{3} =$

(7) $6 \times \dfrac{1}{2} =$

(8) $1\dfrac{1}{2} \times 1\dfrac{1}{3} =$

(9) $\dfrac{1}{2} \div \dfrac{1}{3} =$

(10) $\dfrac{1}{2} \div 3 =$

(11) $3 \div \dfrac{1}{2} =$

(12) $8 \div 3 =$

(소수를 분수로)

(13) $0.5 =$

(14) $0.25 =$

(15) $0.125 =$

(16) $0.75 =$

(17) $0.375 =$

(18) $0.625 =$

(19) $0.875 =$

답

(1) $4\dfrac{1}{3}$ (2) $\dfrac{5}{6}$ (3) $3\dfrac{5}{6}$ (4) $2\dfrac{1}{6}$ (5) $1\dfrac{5}{6}$ (6) $\dfrac{1}{6}$ (7) 3 (8) 2 (9) $\dfrac{3}{2}$

(10) $\dfrac{1}{6}$ (11) 6 (12) $\dfrac{8}{3}$ (13) $\dfrac{1}{2}$ (14) $\dfrac{1}{4}$ (15) $\dfrac{1}{8}$ (16) $\dfrac{3}{4}$ (17) $\dfrac{3}{8}$ (18) $\dfrac{5}{8}$ (19) $\dfrac{7}{8}$

초등 연산 만점 공부법

3부

만점으로
가는
베이스캠프,
중학생의
연산

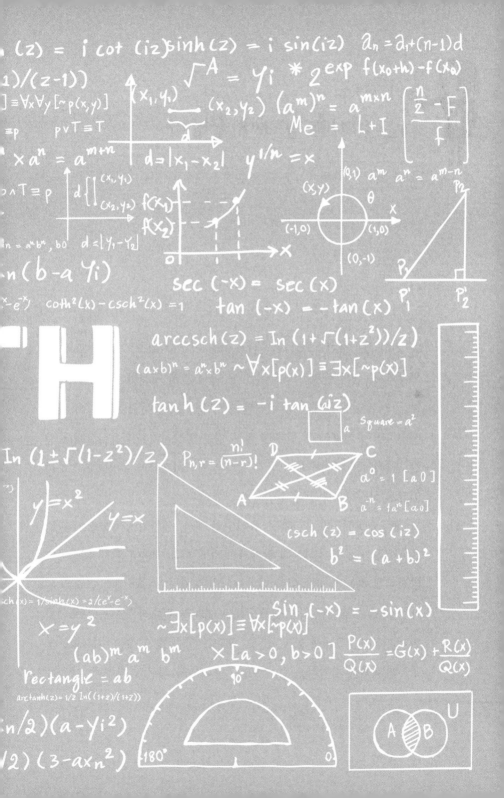

1. 정수
_ 의미를 알아야 끝난다

중학교에 올라가자마자 소인수분해, 약수와 배수, 유리수의 계산, 문자와 식, 일차방정식의 풀이를 두 달에 걸쳐 정신없이 배우고 곧바로 중간고사에 들어간다. 아이들 입장에서 보면 어렵고 분량이 많아 삐끗하면 중학교의 첫 단추를 잘못 꿰는 불상사가 생긴다. 그래서 중간고사까지의 단원에 대한 공부 방법을 간략하게나마 설명하고 정수의 연산을 설명하고자 한다.

소인수분해, 약수와 배수, 유리수의 계산, 일차방정식의 풀이 단원을 두 달 안에 해야 하는데 필자가 보기에는 각 단원에 두 달씩 쏟아도 완전하게 하는 데 빠듯하다 싶다. 소인수분해, 약수와 배수 단원은 이해와 숙달을 넘어 수감각을 요구하는 곳이라 절대적으로 충분한 시간이 필요하다. 그래서 몫창, 소수, 배수와 약수 찾기, 소인수분해 등을 초등학교에서 시키라고 한 것이다. 유리수의 계산 역시 초등 연산을 잘했다 해도 어느 정도 시간이 필요하다. 일차방정식의 풀이 단원도 풀 수 있는 정도가 아니라 숙달되어야 하는 단원이니 역시 시간이 필요하다. 중학교 1학년 과정은 무척 중요한데 하나 같이 시간이 더 필요하다.

게다가 이들 단원들 안에는 중학교에서 배워야 하는 중요한 개념이 모두 들어 있다. 필자는 중학교 3년 동안 배워야 하는 핵심개념을 부호의 의미, 절댓값, 거듭제곱, 등식의 성질까지 4개로 꼽는데, 모두 이 기간 안에서 이루어지는 것이다. 어려운 것을 개념을 잡으며 정확하게 하려면 물리적인 시간이 필요한데 학교 교과과정으로는 너무 짧아서 문제다. 시간이 없고 당장 시험은 잘 봐야 하니 개념이 아니라 나올 만한 문제를 푸는 것이 현실적이라는 생각이 드는 것은 당연하다. 그래서 중학교 수학을 정확하게 개념을 잡으면서 나아가는 것이 올바른 방법이라는 것을 알면서도, 처음부터 잘못된 공부 방법에 길들여질 확률이 높게 된다.

필자는 아이들의 어려움을 분산시키고 처음부터 중학교의 중요한 개념을 튼튼히 하기 위해 적어도 초등 6학년 11월 정도부터는 중1 과정을 예습하기 시작해야 한다고 본다. 단, 이때 진도를 빨리 나가는 것이 중요한 게 아니니 수감각과 개념을 튼튼하게 잡는 것이 목표다.

정수의 의미

온도계를 오른쪽으로 눕혀보자. 곧바로 수직선(수가 있는 직선)이 되는데 이것으로 정수를 설명할 수 있다. 직선은 점들로 구성되어 있으니, 점 하나하나를 수로 보고 정수를 0 부근에 표시한다. 그다음 …, −3, −2, −1, 0, +1, +2, +3, …이라는 숫자들을 쓴다.

제일 먼저 정수의 종류를 여러 번 알려준다. 자연수끼리 더하거나 곱하면 항상 자연수다. 그런데 자연수끼리 빼면 자연수가 되기도 하지만 같은 자연수를 빼면 자연수가 아닌 0이 나오고, 작은 자연수에서 큰 자연수를 빼면 자연수에 −가 붙은 수가 나온다. 자연수끼리 빼면 나오는 수들에서 −가 붙은 자연수를 '음의 정수', 그동안 써오던 자연수를 '양의 정수'라고 할 수 있다고 아래와 같이 정리한다. 물론, 이 수들을 통틀어 정수라고 했다고 문헌들에서는 보지 못했지만 필자는 이렇게 생각한다. 그래서 필자는 정수란 간단히 '정리한 수'라고 가르치고 있다.

$$(정수)\begin{cases} ① \ 양의\ 정수(=자연수) \\ ② \ 0 \\ ③ \ 음의\ 정수 \end{cases}$$

부호의 의미

중학생들 중에는 부호가 뭐냐고 물으면 부등호를 말하는 황당한 경우도 있다. 이름도 모를 만큼 개념은커녕 생각 없이 문제풀이만 한 결과다. 양의 정수와 음의 정수에 있는 +와 −를 부호라 하고, 각각 '플러스, 마이너스'라고 읽는다. 초등학교에서는 이것을 더하기와 빼기로 읽었는데, 중학생이 되면 이렇게 영어로 읽는 것은 무엇 때문일까? 중학생이 됐으니 좀 더 아는 체를 하기 위한 것이 아니다. +와 −에 더한다는 뜻과 뺀다는 뜻이 아닌 다른 뜻이 담겨 있는데 이것까지를 표현하기 위해서다.

$$+ \ (\text{플러스}) \begin{cases} ① \ \text{더한다.} \\ ② \ \text{남는다.} \end{cases}$$

$$- \ (\text{마이너스}) \begin{cases} ① \ \text{뺀다.} \\ ② \ \text{모자라다.} \end{cases}$$

+와 −에는 그동안 초등학교에서 사용했던 더한다와 뺀다는 뜻 이외에 각각 '남는다'와 '모자라다'의 의미가 있다. 물론 이 뜻을 교과과정에서 직접적으로 다루는 것은 아니다. 정수를 많이 다루다 보면 저절로 이해할 것이라고 생각하고 따로 다루지 않는 것 같다. 그러나 이 의미를 정확히 가르치지 않으면 자칫 정수의 연산도 외워야 하는 것으

로 인식하여, 시험이 끝난 한참 뒤에나 이 뜻을 깨닫게 되는 경우가 많다. 그래서 필자는 이것을 직접적으로 가르치고 '정수의 덧셈과 뺄셈을 의미 있게 읽기'를 시도한다.

정수의 덧셈과 뺄셈을 의미 있게 읽기

정수셈에서 아이들이 어려워하는 것은 곱셈·나눗셈이 아니라 덧셈·뺄셈이다. 곱셈·나눗셈의 오답은 주로 마이너스 부호를 소홀히 하거나 덧셈과 뺄셈을 혼동해서 생긴다. 그러니 오히려 정수의 덧셈과 뺄셈을 좀 더 정확하게 접근하는 것이 필요하다. 교과서대로 정수의 덧셈과 뺄셈을 한다면 세 가지를 외워야 한다.

첫째, 부호가 같다면 절댓값을 더하고 같은 부호를 사용한다.
둘째, 부호가 다르다면 절댓값이 큰 수에서 작은 수를 빼고, 큰 수의 부호를 붙인다.
셋째, 괄호의 안과 밖의 부호를 바꿀 수 있고, 둘 다 마이너스면 둘 다 플러스로 바꾼다.

이 세 가지를 외우고 문제를 풀면 정수의 덧셈과 뺄셈을 할 수 있다. 그러나 이것은 문제를 푸는 기술이고 문제는 풀리겠지만, 정수의 본래 크기를 연습해서 수감각을 키울 수 있는 기회는 박탈당한다. 결과적으로는 훨씬 더 많은 연습이 필요하게 될 것이다. 이것은 +/−의 부호가 담고 있는 의미 중 '남는다'와 '모자라다'의 개념을 가르치지 않는 편법이라고 생각한다. 이제 의미를 담아서 제대로 공부해보자.

+(플러스)의 의미
: '더한다'와 '남는다'라는 뜻을 가지고 있다.

㉵ +5+7
앞의 플러스는 '남는다'는 뜻이고, 뒤의 플러스는 '더한다'는 뜻이다. 앞에 아무것도 없다면 더하거나 뺄 수 없다.

−(마이너스)의 의미
: '뺀다'와 '모자라다'라는 뜻을 가지고 있다. '모자라다'는 부족하다는 뜻이다. 하지만 가르치다 보면 남는다의 반대로 생각해서 '안 남는다' 또는 '남지 않는다'고 말하는 학생들이 있는데 '안 남는다'는 0을 포함하는 개념이어서 '모자라다'와는 다르다.

㉵ −5−7
앞의 마이너스는 '모자라다(또는 부족하다)'의 뜻이고, 뒤의 마이너스는 '뺀다'는 뜻이다. 초등학교에서처럼 더해지거나 빼지는 수가 있을

때는 더하거나 빼는 것이다. 그러나 더해지거나 빼지는 수가 없다면 남는다와 모자라다의 뜻이 된다.

+/- 부호를 연습한 뒤에는 보통 곱셈에서 (-) 부호 처리를 연습한다. -의 개수가 짝수이면 +, 홀수이면 -를 쓴다는 것을 알려주고, 같은 방법으로 다음처럼 '괄호 풀어주기'를 한다.

$$-(-7)=+7$$
$$-(+7)=-7$$
$$+(-7)=-7$$
$$+(+7)=+7$$

이것을 하면 정수의 덧셈과 뺄셈은 연습만 남는다. 보통 학교에서는 괄호에서 부호를 바꾸는 연습을 하는데, 남는다와 모자라다의 개념을 가르치지 않아서 괄호를 바꾸는 번거로움을 겪고 있는 것이다. 결국에는 정수의 셈이 괄호 없이 대부분 풀리니 이렇게 해주는 것이 효율적이다. 물론 처음에 괄호를 풀어주는 것이 귀찮겠지만 괄호 안팎의 부호를 바꿔주는 것보다는 낫다. 이렇게 해서 괄호를 푼 상태에서 수 감각이 살도록 연습한다면 정수의 덧셈과 뺄셈의 오답은 없앨 수 있다.

왜 (음수)×(음수)=(양수)인가?

나누기는 모두 곱하기로 바꾸거나 분수로 만들 수 있다. 따라서 곱하기에서의 음수의 처리만 신경 쓰면 된다. 여러 개의 곱셈이나 나눗셈이 있을 때 가장 먼저 음수의 개수를 세서 짝수이면 +를, 홀수이면 −를 붙여주고 곱하면 된다. 음수를 처리하는 것은 중학교 과정에 새로 추가된 과정이다. 마이너스를 확실하게 처리하는 게 습관이 되지 않으면 앞으로 3년간의 오답을 예약한 것과 같으니 항상 신경 써서 계산해야 한다.

긍정의 긍정은 강한 긍정이지만, 부정의 부정은 긍정이라고 했다. 말은 그렇지만 $(-)\times(-)=(+)$가 되는 것을 이해하는 일은 쉽지 않다. 그냥 외워서 사용하니까 쉬워 보일 뿐이다. 사실 필자도 음수와 음수의 곱이 양수가 되는 것을 학생들에게 알기 쉽게 설명하는 데 실패하고 있다. 설사 이해하지 못할지라도 여러 가지 방법으로 이해하려는 과정 자체가 도움이 되리라는 생각에 언급한다. 다음은 일반적으로 설명하는 방법이다.

$$(-4)\times(+2)=-8$$
$$(-4)\times(+1)=-4$$
$$(-4)\times 0=0$$
$$(-4)\times(-1)=+4$$

$$(-4) \times (-2) = +8$$

수의 규칙성을 이용하여 설명한 것인데, 이것으로 정확한 이해를 하기에는 여전히 어렵다고 본다. 분배법칙을 이용해 설명해보겠다.

$$(-4) \times 0 = 0$$
$$(-4) \times \{(+3) + (-3)\} = 0$$
$$(-4) \times (+3) + (-4) \times (-3) = 0$$

위 식에서 $(-4) \times (+3)$이 -12이니 $(-4) \times (-3)$은 12가 되어야 한다. 그 밖에도 $(+) \times (-) = (-) \times (+) = (-)$임을 안다면, $(-2) \times (+3) = (-6)$, $(+2) \times (-3) = (-6)$에서 $(-2) \times (-3)$이 $(+6)$이나 (-6)이 되어야 하는데 (-6)이라면 위 식과 모순되어 $(-2) \times (-3) = (+6)$이 되어야 한다. 여기까지 설명한 것을 다 이해했어도 여전히 깔끔하지 않을 수 있다. 그래도 어느 정도 정리는 될 것이다.

분수에서는 분자로 올라가는 −(마이너스)

간혹 분수셈과 정수셈을 할 줄 아는데도 불구하고 계산 오류가 나오는 아이들이 있다. 두 가지 이유 때문이다. 하나는 '거듭제곱을 혼합계산순서에서 가장 먼저 한다'는 것이 정리되지 않은 탓이다. 거듭제곱의 수를 외운 학생은 - 부호의 개수에만 신경 쓰면 되지만, 그렇지 않았다면 직접 하나하나 곱해야 오답을 없앨 수 있다. 또 하나는 분수 앞에 있는 마이너스를 분자에 올려주지 못한 경우다. 다음 분수를 보자.

$$-\frac{1}{5} = \frac{1}{-5} = \frac{-1}{5}$$

보다시피 모두 같은 수지만 $\frac{1}{-5}$ 은 사용할 일이 거의 없다. 보통 $-\frac{1}{5}$ 이라고 문제에 나오지만 실제로 계산하기 위해서는 마이너스를 분자에 올려준 $\frac{-1}{5}$ 을 사용해야 한다. 예를 들어보자. $-\frac{1}{5} + \frac{3}{5}$ 에서 오답으로 $-\frac{4}{5}$ 가 많이 나오는데, 왜 그럴까? 마이너스를 분자에 올려주면 $\frac{-1}{5} + \frac{3}{5}$ 으로 $\frac{2}{5}$ 라는 답이 명확하게 보인다. 마이너스를 분자에 올려주는 것을 모르면 $-\frac{x-1}{2}$ 을 $\frac{-x+1}{2}$ 로 바꾸지 못하면서 계속 오답을 만들고 이대로 고등학교로 이어진다.

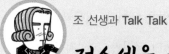

정수셈을 처음 만나면 다 헷갈려 한단다

조 선생	부호가 뭐야?
아이	글쎄요.
조 선생	어떻게 이름도 모르냐? 등호, 부등호, 부호, 안호라는 것이 있는데 이 중에 제일 중요한 것이 내 이름인 안호야.
아이	ㅋㅋㅋ
조 선생	등호는 =, 부등호는 <, >, ≤, ≥, 부호는 +, −야.
아이	알겠어요.
조 선생	+5가 무슨 뜻이야?
아이	'5개가 남는다'라는 말이에요.
조 선생	이때 +는 '더한다'가 아니라 '남는다'라는 뜻이야. 더할 데가 없는데 더할 수는 없지? 그런데 초등학교에서 사용하던 것처럼 더할 데가 있으면 여전히 더하기란 뜻으로 사용되는 거야.
아이	예.
조 선생	그럼 +5+7은 무슨 뜻이야?

아이	'5개가 남는데 거기에 7개를 더한다'란 뜻이요.
조 선생	그럼 어떻게 되는데?
아이	+12 즉 12개가 남아요. (+12=12이니 12개가 있다고 해도 된다.)
조 선생	−5가 무슨 뜻이야?
아이	'5개가 모자라다'라는 말이에요.
조 선생	이때 −는 '뺀다'가 아니라 '모자라다'라는 뜻이야. 역시 뺄 데가 없는데 뺄 수는 없지? 그럼 −5−7은 무슨 뜻이야?
아이	'5개가 모자란데 거기에서 7개를 뺀다'는 말이에요.
조 선생	그럼 어떻게 되는데?
아이	−12 즉 12개가 모자라요.
조 선생	잘했어. 다들 이 부분을 제일 헷갈려하지. −5−7의 답을 +12, +2, −2라고 하는 중학생들이 많아.
아이	쉬운데 왜들 그래요?
조 선생	마이너스 마이너스는 플러스라는 곱하기 때문에 헷갈리기도 하지만 정확한 의미를 모르고 계산하다가 그러는 거야. 헷갈리지 않기 위해 하나만 더 물어보자! 거지한테서 돈을 뺐으면 거지는 어떻게 될까? ① 부자가 된다. ② 덜 거지가 된다. ③ 더 거지가 된다.
아이	당연히 ③ '더 거지가 된다'가 답이에요.
조 선생	한 문제만 더해보자! +5−7은 무슨 뜻이야?
아이	'5개가 남는데 거기에서 7개를 뺀다'란 뜻이요.

조 선생   그럼 어떻게 되는데?

아이   −2 즉 2개가 모자라요.

조 선생   그래, +5−7은 5개에서 7을 빼는 것인데 5개를 빼고도 2개가
          모자라게 되지?

아이   두 번 빼기랑 비슷하네요.

책상에 딱 붙여 놓고
정수셈의 의미를 살려 매일 읽기

정수셈의 본격적인 연습을 앞두고 다음 시트를 책상에 붙여 놓는다. 정답에 써놓은 것을 참고해 정수의 의미를 살려 매일 말로 연습하면 짧은 시간 내에 오답을 잡을 수 있다.

(1) $+(-8)+(+7)$

(2) $+(+8)-(+7)$

(3) $-(-8)-(-7)$

(4) $-(+8)-(-7)$

(5) $+(-8)+(-7)$

(6) $+5+7$

(7) $+5-7$

(8) $-7+5$

(9) $-5+7$

(10) $-5-7$

(11) -2^2

(12) $-(-2)^4$

(13) $-(-3)^3$

(14) $(-\dfrac{1}{2})^3$

(15) $-(-\dfrac{2}{3})^3$

답

(1) $+(-8)+(+7)=-8+7$

(2) $+(+8)-(+7)=+8-7$

(3) $-(-8)-(-7)=+8+7$

(4) $-(+8)-(-7)=-8+7$

(5) $+(-8)+(-7)=-8-7$

(6) $+5+7$은 5개가 있는데(남는데) 7개를 더하면 12개. 플러스를 생략해도 되니 12개가 있다고 해도 된다.

(7) $+5-7$은 5개가 있는데 7개를 빼면 5개를 빼고도 2개가 부족하다.

(8) $-7+5$는 7개가 부족한데 5개를 더해줘도 아직도 2개가 부족하다.

(9) $-5+7$은 5개가 부족한데 7개를 더해주면 부족한 5개를 채우고

도 2개가 남는다.

⑽ −5−7은 5개가 부족한데 거기에서 7개를 빼면 더 부족해져서 12개가 부족하게 된다. 이 문제는 −2나 12라는 오답이 자주 나온다. 5에서 7을 빼거나 곱하기를 배우면 마이너스 마이너스는 플러스라고 무조건 외운 탓이다. 의미를 살리는 읽기를 지속하면 없앨 수 있다.

⑾ -2^2은 마이너스가 1개 있고 2만 두 번 곱했으니 −4

⑿ $-(-2)^4$은 마이너스는 1개 있고 −2를 네 번 곱했으니 마이너스가 5개라서 마이너스고, 2^4=16이라서 −16

⒀ $-(-3)^3$은 마이너스는 1개 있고 −3을 세 번 곱했으니 마이너스가 4개라서 플러스고, 3^3은 27이니 답은 +27 또는 27

⒁ $(-\frac{1}{2})^3$은 마이너스를 세 번 곱했으니 마이너스고, $\frac{1}{2}$을 세 번 곱했으니 $\frac{1}{8}$이라서 답은 $-\frac{1}{8}$

⒂ $-(-\frac{2}{3})^3$은 마이너스가 1개 있고 $-\frac{2}{3}$를 세 번 곱했으니 마이너스가 4개라서 플러스고, $\frac{2}{3}$를 세 번 곱하면 $\frac{8}{27}$이니 $+\frac{8}{27}$

2. 일차방정식
_ 방정식도 웬만한 것은 암산하라

방정식의 의미

교과서의 정의로는 'x의 값에 따라 참이 되기도 하고 거짓이 되기도 하는 등식'이라고 배우고, 이후로는 방정식에 대한 보완이 이루어지지 않는다. 안타깝지만 이 말로 풀리는 문제는 없으며, 그 의미를 아는 아이 역시 거의 없다.

그래서 필자는 중1에서는 '미지수가 있는 등식'이라고 알려주고, '미지수'가 무엇인지 '등식(등호가 있는 식)'이 무엇인지를, 그리고 가장 중요한 '등식의 성질'을 차례로 다시 알려준다. 그동안 사용했던 미지수인 □, △, ○, ☆, 가, 나 등 대신에 영어문자 a, b, c, d 등을 사용하며 그중에서 x나 y를 가장 많이 사용한다는 것도 알려준다. 나중에 중3에서는 필자가 고등을 준비하기 위해 다시 함수와 관련해서 '두 함수의 교점의 x좌표'라고 외우게 시키고 이것으로 수능까지 사용한다.

방정식: 1) 미지수에 따라 참이 되기도 하고 거짓이 되기도 하는 등식

2) 미지수가 있는 등식

3) 두 함수의 교점의 x좌표(중3 이후)

등식: 등호(=)가 있는 식

좌변과 우변: 등호의 왼쪽을 '좌변', 오른쪽을 '우변'이라 하며 좌변과 우변을 통틀어 '양변'이라 한다.

등식의 성질: 1) 양변에 같은 수를 더해도 등식은 성립한다.

2) 양변에 같은 수를 빼도 등식은 성립한다.

3) 양변에 같은 수를 곱해도 등식은 성립한다.

4) 양변에 0이 아닌 같은 수를 나누어도 등식은 성립한다.

5) 좌변과 우변을 서로 바꾸어도 등식은 성립한다.

방정식이 끝날 때까지 수업시작 전에 다음처럼 매번 물어보아야 한다. 방정식을 처음 배우는 초등은 물론 중학생한테도 마찬가지다.

조 선생   방정식이 뭐야?

아이   미지수(x)가 있는 등식이요.

조 선생   어떤 알파벳이 있어도 괜찮은 거야. 그럼 등식이 뭐야?

아이   등호가 있는 식요.

조 선생   등식의 성질이 뭐야?

아이   양변에 같은 수를 $+$, $-$, $\times$, $\div$ 해도 (지지고 볶아도) 등식은 성립한
        다. (아이들은 등식은 성립한다는 말을 어려워한다. '같다'라는 뜻이라고 알려주면
        된다.)

조 선생   단?

아이   '0으로' 나누면 안 된다.

조 선생   이 중에 '양변에 같은 수'라는 말이 제일 중요해.

많은 아이들이 '0으로 나누면 안 된다'와 '0을 나누면 안 된다'를 혼
동한다. 양변에 0을 더해도 빼도 곱해도 상관없지만 절대 0으로 나누
면 안 된다. 0으로 나누면 어떻게 되는지에 대한 자세한 설명은 『개념
의 신』으로 넘기고 일단 $\frac{5}{0}$, $\frac{0}{0}$이 수가 아니라는 것만 기억해두자.

등식은 딱 3종류!

교과서는 방정식과 항등식만을 정의하고 나머지는 별도로 가르치

기 때문에 체계가 없다. "등호가 있는 식, 즉 등식은 다음 세 식 중 하나다."라고 말하고 싶어서 '말도 안 되는 등식'이라는 용어를 만들었다. 등호가 있으면 다음 표에 있는 세 식 중 하나라는 생각으로 출발해야 나중에 어려운 문제들을 해결할 수 있다. 나중에 나오는 부등식의 경우도 마찬가지다. 예까지 모두 외웠으면 좋겠다.

등식의 종류	해의 개수	예	기타
방정식	해가 정해진다.	$x+3=3 \Rightarrow x=0$	정리했을 때, x가 있음
항등식	해가 무수히 많다.	$x=x \Rightarrow 0=0$	정리했을 때, x가 없음
말도 안 되는 등식	해가 없다.	$x=x+1 \Rightarrow 0=1$	

초등학생이 등식의 성질로 방정식 풀기

이제 방정식이 무엇인지 알았으니 방정식을 등식의 성질로 푸는 방법을 배워보자. 방정식을 풀 때는 반드시 이항 등의 편법이 아니라 등식의 성질을 정식으로 이용해서 식의 행간을 이어가야 한다. 수학의 식이 길어지는 이유는 모두 '등식의 성질' 때문이다. '나중에 닥치면 하겠지'라는 생각은 결국 아이가 등식의 성질을 확실하게 잡을 수 있는 기회를 잃게 만들 것이다. 정작 중학교에서 등식의 성질은 소홀하게 취급되고 있으니 그래도 시간이 있는 초등학교 때 등식의 성질을 최대한 튼튼히 가르쳐야 한다. 워낙 개념이 쉬워서 간단할 때는 못 느낄 수도 있겠지만, 이를 확실히 가르치지 않으면 점점 복잡한 식을 접하면서 자신도 모르게 어려워하게 된다.

방정식을 푼다는 것은 $x+7=12$와 같은 방정식에서 x의 값을 구하는 것이다. x 옆에 붙어 있는 $+7$을 없애주면 x만 남겠지? 그런데 $+7$을 없애려면 빼기 7을 해야 하는데, 문제는 등식의 성질에 따라 양변에 빼기 7을 똑같이 해야 한다는 것이다.

$x+7=12$

$\Rightarrow x+7-7=12-7$

$\Rightarrow x=5$

여기서 주의할 것은 많은 아이들이 $x+7-7=12-7$라고 식을 쓰는 걸 귀찮아한다는 점이다. 대부분 $x+7=12$의 우변에서만 7을 빼 '$x+7=12-7$' 같이 등식의 성질에 맞지 않는 식을 쓰곤 한다. 지적하면 자기도 알지만 이렇게 하면 빨리 답을 구할 수 있다고 우기기도 한다. 처음부터 '절대' 허용해서는 안 된다. 이럴 때는 아이에게 '방정식을 푸는 것이 아니라 등식의 성질을 연습하는 중이니 올바른 식으로 써야 한다'고 반드시 설득해야 한다. 그런데 $x+7=12$도 방정식이고, 이것을 풀어서 나온 $x=5$도 방정식이다. 따라서 이것은 답이라고 하는 것이 아니라 풀해(解)자를 써서 '해'라고 한다.

$x \div 9 = 7$

$\Rightarrow x \div 9 \times 9 = 7 \times 9$

$\Rightarrow x = 63$

$x \times 4 = 28$

$\Rightarrow x \times 4 \div 4 = 28 \div 4$

$\Rightarrow x = 7$

위와 같은 문제를 통해 등식의 성질을 충분히 연습해야 한다. 처음에는 x가 우변에 놓여 있는 $12=x+7$이나 $12=x-7$도 낯설어할 것이다. x 옆에 있는 것을 없애야 x만 남을 수 있다고 생각해야 한다. $12=x-7$ $\Rightarrow$ $12+7=x-7+7$ $\Rightarrow$ $19=x$ $\Rightarrow$ $x=19$다. 아이는 어렵다고 하는 대신 무척 귀찮아할 것이다. 특히 '$x \times 7=2$'(중학생은 $7x=2$) 같은 문제는 처음에는 $x \times 7 \div 7=2 \div 7$ $\Rightarrow$ $x=\frac{2}{7}$처럼 해야 되겠지만 직관적으로 나오도록 연습해야 한다. 아이가 쉽다고 말해도 바로 넘어가지 말고 먼저 위 문제와 같이 쉬운 것을 족히 한 달 정도는 연습해야 한다. '등식의 성질'에 관한 문제를 하나만 풀어보자!

Q. 다음 중 등식에 대하여 잘못 말한 것은 어느 것인가?

① 등식의 양변에 같은 수를 더하여도 등식은 성립한다.

② 등식의 양변에 같은 수를 빼도 등식은 성립한다.

③ 등식의 양변에 같은 수를 곱하여도 등식은 성립한다.

④ 등식의 양변을 같은 수로 나누어도 등식은 성립한다.

⑤ 등식에서 등호의 왼쪽을 좌변, 오른쪽을 우변이라고 한다.

答 ④

아이가 ⑤번이라고 하지 않았는가? 다 맞아 보이니 제일 긴 것을 찍은 것이다. ④번이 답인 이유는 '0으로 나누면 안 된다'는 조건이 붙어 있지 않기 때문이다. 0으로 나누면 안 된다는 것은 '등식의 성질' 문제의 단골 출제 대상이다. 초등학생이니 이렇게 쉽게 나오지 어렵게 내면 중·고등학생도 맞히기 어려운 문제가 많다.

비례식을 방정식으로 만들기

중학교 1~2학년의 방정식 단원에서 비례식이 나오는데, 방정식으로 만들어야 한다. 초등학교에서 아이들은 비례식을 방정식으로 만드는 것을 배운 적이 없다. 그나마 '내항의 곱과 외항의 곱은 같다'라는 비례식의 성질을 기억하는 아이들은 방정식으로 만들지만, 대부분은 깡그리 잊어버린 상태일 것이다. 비례식을 방정식으로 만들 때 등식의 성질이 사용된다. $2:3=x:6$에 비례식의 성질을 이용하면 $3 \times x = 2 \times 6$이라는 방정식이 만들어지지만 이것을 자꾸 잊어버리는 학생이라면 등식의 성질로 가르쳐야 한다. $4:3=x:2$을 비로 만들면 $\frac{4}{3}=\frac{x}{2}$ ⇨ $\frac{4}{3}\times6=$ $\frac{x}{2}\times6$ ⇨ $8=x\times3$ ⇨ $\frac{8}{3}=\frac{x\times3}{3}$ ⇨ $x=\frac{8}{3}$이다. 중학교에서는 가분수인 상태로 놔두어도 된다.

> 방정식 푸는 순서: x만 남기려고 할 때, 혼합계산순서의 역순으로 없앤다.
>
> 혼합계산순서: (괄호) ⇨ (곱셈·나눗셈) ⇨ (덧셈·뺄셈)
>
> 혼합계산순서의 역순: (덧셈·뺄셈) ⇨ (곱셈·나눗셈) ⇨ (괄호)

등식의 성질을 두 번 사용하는 문제는 아이들이 많이 버거워한다. 머리로는 이해하지만 처음에는 등식의 성질에 맞게 쓰다가도 곧 생각이 뒤엉켜 혼란스럽다. 필자가 가르치던 한 아이는 이때 '끝까지 정신줄을 놓치지 말아야 한다'는 명언을 남겨 모두를 웃게 만들었다. 혼동하는 이유는 두 가지다.

첫째는 x만 남기려고 할 때, 어느 것부터 없애야 하는지를 모르는 것이다.

둘째, 등식의 성질에 맞게 잘 계산하다가 중간에 길을 잃은 경우다. 등식의 성질에 맞게 식을 쓸 때는 중간에 계산하지 못하도록 하는 것이 혼동을 막는 방법이 된다.

방정식은 결국 x의 값을 구하는 것이다. 등식의 성질을 이용해 x 옆의 숫자들을 모두 없애면 x만 남는다. 이때 x 옆의 숫자 중 무엇을 먼저 없애야 하는지에 대한 순서를 가르쳐야 한다. 만약 $(2+3)\times5+1$을 계산하려면 (괄호) ⇨ (곱셈·나눗셈) ⇨ (덧셈·뺄셈)이라는 혼합계산순서에 따라 $(2+3)\times5+1=26$이라는 답을 구하게 된다. 만약 2를 모르는 수인 x라고 보면 $(x+3)\times5+1=26$이 되고 이제는 미지수 때문에 계산이 안 된다. 이처럼 방정식이 길어지는 이유는 모르는 수, 즉 미지수가 있기 때문이다. 실패에 실을 감았다면 풀 때는 반대로 돌려야 하듯이 이것들을 풀 때는 혼합계산순서의 역순 즉 (덧셈·뺄셈) ⇨ (곱셈·나눗셈) ⇨ (괄호)의 순서로 없애야 한다. 이렇게 '혼합계산순서의 거꾸로'가 방정식 푸는 순서가 된다. 참고로 '방정식 푸는 순서'라는 말은 정식 명칭은 아니고 필자가 만든 말이다. 해보자.

$(x+3)\times5+1=26$ (+로 붙어 있는 것을 없애야 하니 양변에서 1을 빼면)

⇨ $(x+3)\times5+1-1=26-1$

⇨ $(x+3)\times5=25$ (×로 붙어 있는 것을 없애야 하니 양변을 5로 나누면)

⇨ $(x+3)\times5\div5=25\div5$

⇨ $x+3=5$ (좌변에 $x+3$밖에 없어서 괄호가 사라졌다. 이제 양변에서 3을 빼면)

⇨ $x+3-3=5-3$

⇨ $x=2$

언제나 그렇듯이 마지막은 항상 분수 연습이다. $x+\frac{1}{3}=\frac{1}{2}$, $x-1\frac{3}{5}=$ $2\frac{1}{4}$, $\frac{3}{4}\times x=12$, $x\div 1\frac{1}{13}=6\frac{1}{2}$ 같은 분수가 있는 문제를 푼다고 가정하자. 먼저 아이들이 하는 대로 놔두면 못한다고 하거나 $x+\frac{1}{3}=\frac{1}{2}$ 을 $x+$ $\frac{1}{3}-\frac{1}{3}=\frac{1}{2}-\frac{1}{3}$ 처럼 할 것이다. 끝까지 하게 두었다가 처음부터 다시 양변에 분모 3과 2의 최소공배수인 6을 먼저 곱하도록 시킨다. 즉 $x+$ $\frac{1}{3}=\frac{1}{2}$ ⇨ $6\times x+2=3$의 과정을 거치게 한다. 여기까지 해 놓으면 중학교의 방정식 준비는 다 끝났으니 빨리 푸는 연습만 남았다.

양변을 0으로 나누면 안 된다니까?

조 선생 등식의 성질을 말해볼래?

아이 '양변에 같은 수를 지지고 볶아도 등식은 성립한다. 단, 0을 나누면 안 된다'요.

조 선생 틀렸는데. 0을 나누면 왜 안 되니? '0으로' 나누면 안 돼. '÷0'이 안 된다고!

아이 알겠어요.

조 선생 다시 말해봐.

아이 '양변에 같은 수를 지지고 볶아도 등식은 성립한다. 단, 0으로 나누면 안 된다' 맞죠?

조 선생 등식의 성질은 중요하고 점차 고등학교로 가면서 0과 관련된 문제가 많이 나올 거야.

아이 0이 점점 피곤해져요.

조 선생 특히 $\frac{0}{5}$은 0이지만, $\frac{0}{0}$이나 $\frac{5}{0}$처럼 분모가 0인 것은 수가 아니라는 것을 분명히 해야 한다.

아이	수가 아니라면 문제로도 안 나오는 거 아니에요? 그럼 신경 쓸 일 없는 거고요.
조 선생	아니, 수가 아니니 $\frac{0}{0}$꼴이나 $\frac{5}{0}$꼴이란 이름으로 대학시험에 매년 나오는데.
아이	해야 된다는 말이군요.
조 선생	그래, 0으로 나누는 문제를 하나 다루어보자.
아이	그렇죠. 해야지 하는 수 없죠.
조 선생	방정식 2(x−1)=3(x−1)을 풀어볼래?
아이	절 뭘로 보고 이런 쉬운 문제를 내요. 2x−2=3x−3 ⇨ −x=−1 ⇨ x=1요.
조 선생	잘했어. 그런데 2(x−1)=3(x−1)을 잘 봐. 양변에 (x−1)이 있으니 (x−1)로 나누고 싶지 않니?
아이	그러네요. 그런데 (x−1)로 나누면 2=3이라는 식이 나오는데요.
조 선생	2=3이라는 식의 이름은 뭐야?
아이	'말도 안 되는 등식'요.
조 선생	'말도 안 되는 등식'은 방정식이야?
아이	아니지요.
조 선생	그런데 왜 이런 일이 벌어졌을까?
아이	그러게요.
조 선생	2(x−1)=3(x−1)의 양변을 0으로 나누면 되니, 안 되니?
아이	안 되지요.

조 선생 $x-1$이 0이야, 아니야?

아이   모르지요.

조 선생   0일지도 모르는데 $x-1$로 나누어서 이런 일이 일어난 거야.

아이   0인지 아닌지 모르니까 못 나눈다는 거네요?

조 선생   그렇게 생각할 수도 있지만, $x-1 \neq 0$일 때와 $x-1=0$일 때로 나누어 생각해볼 수 있어.

아이   그니까 $x-1 \neq 0$일 때 말도 안 되는 등식이라서 $x-1=0$일 때라는 거지요. 이해는 했는데 생각이 안날 수 있겠다 싶어요.

조 선생   이런 생각을 하는 것이 쉬운 것은 아니야.

아이   그렇죠? 나만 어려운 거 아니죠?

조 선생   맞아. 그런데 이런 문제로 상위권을 가르게 될 거야. 공부하는 아이 중에 누가 방정식을 못 풀겠니?

아이   연습하게 한 문제만 내줘요.

조 선생 $\frac{1}{6}(3x-1)=\frac{2}{3}(3x-1)$이라는 문제를 풀어볼래?

아이   설명 듣고 바로 보니 $x=\frac{1}{3}$이란 답이 쉽게 보이네요. 그렇지만 한참 있다가 보면 생각이 안 날 수도 있겠어요.

조 선생   맞아. 위와 같은 유형을 잡을 것이 아니라 0으로 나누면 안 된다는 생각을 항상 갖고 있다가, 나누어야 되는 수가 미지수일 때는 구분한다고 생각해야 진짜 개념으로 공부한다고 할 수 있는 거야.

아이   개념이란 게 아무 생각이 없는 사람이라면 오히려 더 짜증나지 않을까요?

조 선생   맞아. 그런데 아무 생각이 없는 사람이 수학을 잘 할 수 있을까?

아이   하긴 수학을 잘하려면 생각을 잘해야죠.

책상에 딱 붙여 놓고 일차방정식 매일 암산하기

일차방정식의 풀이에서 사용되는 대표적인 유형을 뽑았다. 처음엔 많이 힘들겠지만 책상 근처에 붙여 놓고 암산해보기 바란다. 지속한다면 인간의 능력이 무한하다는 것을 실감할 것이다.

(1) $-3x=2$

(2) $-3x=-2$

(3) $8x=5x-21$

(4) $4x+10=-x$

(5) $4x-3=2x+5$

(6) $-x+5=5x+5$

(7) $-2(3x-7)=-10$

(8) $2(x-1)=3(x-1)$

(9) $\dfrac{1}{2}x+\dfrac{1}{3}=\dfrac{1}{6}$

(10) $\dfrac{5}{8}x-\dfrac{3}{4}=\dfrac{1}{2}x$

(11) $\dfrac{1}{4}(x+3)=\dfrac{1}{8}(7x-4)$

(12) $\dfrac{1}{6}(3x-1)=\dfrac{2}{3}(3x-1)$

(13) $x-\dfrac{x-1}{2}=1$

(14) $\dfrac{3x-1}{4}-\dfrac{2x-1}{3}=1$

(15) $(x-2):(2x+1)=2:3$

🈁

(1) $ax=b$ 꼴의 방정식은 항상 마지막에 나오는 것이기에 자동으로 $x=\dfrac{b}{a}$ 가 튀어나와야 한다. 이게 안 되면 앞으로 수학은 끝이다.
$-3x=2 \Rightarrow x=-\dfrac{2}{3}$

(2) $-3x=-2 \Rightarrow x=\dfrac{2}{3}$

(3) $8x=5x-21 \Rightarrow 3x=-21$(양변에 $5x$를 빼면) $\Rightarrow x=-7$

(4) $4x+10=-x \Rightarrow 5x=-10$(양변에 x를 더하고 10을 빼면) $\Rightarrow x=-2$

(5) $4x-3=2x+5 \Rightarrow 2x=8$(양변에 $2x$를 빼고 3을 더하면) $\Rightarrow x=4$

(6) $-x+5=5x+5 \Rightarrow -6x=0$($5x$와 5를 빼면) $\Rightarrow x=\dfrac{0}{-6}=0$

(7) $-2(3x-7)=-10 \Rightarrow 3x-7=5$(양변을 -2로 나누면) $\Rightarrow 3x=12$(양변에 7을 더하면) $\Rightarrow x=4$

(8) $2(x-1)=3(x-1) \Rightarrow x=1$($x \neq 1$일 때는 2=3이기 때문에)

(9) $\dfrac{1}{2}x+\dfrac{1}{3}=\dfrac{1}{6}$ ⇨ 3x+2=1(양변에 6을 곱하면) ⇨ 3x=−1(양변에 2를 빼면) ⇨ $x=-\dfrac{1}{3}$

(10) $\dfrac{5}{8}x-\dfrac{3}{4}=\dfrac{1}{2}x$ ⇨ 5x−6=4x(양변에 8을 곱하면) ⇨ x=6(양변에 4x를 빼고 6을 더하면)

(11) $\dfrac{1}{4}(x+3)=\dfrac{1}{8}(7x-4)$ ⇨ 2x+6=7x−4(양변에 8을 곱하면) ⇨ −5x=−10(양변에 7x를 빼고 6을 빼면) ⇨ x=2

(12) $\dfrac{1}{6}(3x-1)=\dfrac{2}{3}(3x-1)$ ⇨ $x=\dfrac{1}{3}$($x\neq\dfrac{1}{3}$ 일 때는 $\dfrac{1}{6}=\dfrac{2}{3}$ 이기 때문에)

(13) 분자에 마이너스를 올려주는 이런 문제는 조심해야 한다. $-\dfrac{x-1}{2}$ 에서 마이너스를 분자에 올려주면 $\dfrac{-x+1}{2}$ 이다. $x-\dfrac{x-1}{2}=1$ ⇨ 2x−x+1=2(양변에 2를 곱하면) ⇨ x=1

(14) 한 번 더 연습하는 문제다. $\dfrac{3x-1}{4}-\dfrac{2x-1}{3}=1$ ⇨ 9x−3−8x+4=12(양변에 12를 곱하면) ⇨ x=11

(15) $(x-2):(2x+1)=2:3$ ⇨ $\dfrac{x-2}{2x+1}=\dfrac{2}{3}$ ⇨ 3(x−2)=2(2x+1)(양변에 3(2x+1)을 곱하면) ⇨ 3x−6=4x+2 ⇨ x=−8. '내항과 외항의 곱이 같다'는 비례식의 성질로 보면 곧장 3(x−2)=2(2x+1)가 나올 수도 있다.

3. 인수분해
_ 고등수학의 빠르기가 여기서 끝난다

    필자가 방정식을 연산이라고 했으니 이차방정식도 연산이라고 봐야 한다. 연산은 배울 때는 머리를 쓰고 왜 그런가를 생각해봐야겠지만 최종적으로는 직관적으로 빨리 나와야 한다. 일차방정식과 마찬가지로 이차방정식도 웬만한 것은 암산이 되어야만 한다. 고등학교에 가면 3차 이상의 고차방정식을 이차방정식으로 만들어 푸는 과정을 반드시 거치게 된다. 따라서 고등수학에서는 이차방정식을 푸는 과정이, 거의 대부분의 문제에 들어 있다. 모든 문제에서 풀어야만 하는 이차방정식의 처리가 미숙하다거나 느리다면 고등수학 전체가 느리고 힘들 수밖에 없으며, 시험에서도 주어진 시간 안에 문제를 풀 수 없게 만들 것이다. 이차방정식의 빠르기가 고등수학의 빠르기를 좌우한다 해도 과언이 아니니 빨라질 때까지 충분한 연습이 필요하다. 이차방정식을 푸는 방법은 '인수분해와 근의 공식'이라는 두 가지 방법밖에 없다.

고등수학에서는 근의 공식으로 푸는 문제가 많지 않고 대부분 인수분해를 사용한다. 따라서 이차방정식을 빨리 푸는 것이 목적이지만, 실질적으로는 인수분해를 연습하는 것이 이차방정식을 빨리 푸는 방법이라고 할 수 있다.

인수분해를 암산하기 위해서는 6~7개의 암산이 필요한데, 분수셈을 충실히 하지 않은 학생들은 보통 3~4개의 암산 실력만 갖추게 된다. 3개 정도 차이가 나는데, 이를 극복하지 못하는 학생 50%가 수포자의 길로 접어든다. 6~7개의 암산을 연습할 있는 곳은 현실적으로 분수밖에 없다. 그러니 중1~2학년에서 분수가 잘 안 되는 학생이라면, 그래도 아직 시간이 있으니 포기하지 말고 분수의 사칙계산을 암산하는 연습을 해야 할 것이다.

인수분해: 인수들의 곱

인수: 약수와 같은 것

소인수분해가 소수인 인수들의 곱이니 인수분해는 인수들의 곱이다. 예를 들어 x^2+7x+6을 인수분해하면 $(x+1)(x+6)$처럼 다항식들의 곱으로 만들어진다. 그런데 $(x+1)(x+6)$은 항이 1개인 것이 보일까? 인수분해는 2개 이상의 다항식을 단항식으로 만드는 건데, 왜 여러 개의 항을 1개의 항으로 바꾸는 걸까? 왜냐하면 합해서 어떤 수가 나왔을 때 각각의 수를 구하는 것보다 곱해서 어떤 수가 나올 때 각각의 수가 더 구하기 쉽기 때문이다. 또 곱해서 어떤 수가 된다는 말은 지금까지 연습한 약수를 사용할 수 있다는 말이기도 하니 그만큼 편할 것이다. 자, 그러면 $2(x+1)(x+6)$에서 인수는 무엇일까? 많은 아이들이 $2(x+1)$ $(x+6)$의 인수를 2, $(x+1)$, $(x+6)$이라고 한다. 인수란 약수와 같은 것이라서, 8의 약수를 구할 때 곱해서 8이 나오는 1, 2, 4, 8을 찾듯이 해야 한다. 따라서 $2(x+1)(x+6)$의 인수는 1, 2, $x+1$, $x+6$, $2(x+1)$, $2(x+6)$, $(x+1)(x+6)$, $2(x+1)(x+6)$이다.

인수분해의 첫 번째 키는 '공통인수 찾기'

인수분해의 핵심원리는 합과 곱을 만드는 두 수를 찾는 것이다. 그동안 분수를 잘 연습한 아이라면 수감각이 자라서 인수분해를 어려워하지 않는다. 문제는 합과 곱이라는 생각이 강력하게 들어가서 다른 생각을 하지 못하고 그 안에서 해결을 보려고 한다는 점이다. 따라서 '인수분해를 할 때는 제일 먼저 공통인수를 찾아야 한다'라는 생각을 갖게 해주는 게 중요하다. 공통인수를 찾는 것이 어려운 것도 아닌데, 찾지 못하면 대책 없이 오랜 시간을 들여 문제를 풀고도 공통인수를 묶지 않아서 틀리게 된다.

예를 들어 $3x^2+33x+72$를 인수분해할 때 공통인수를 생각하지 못했다고 해보자. 곱해서 3이 나오는 수와 곱해서 72가 나오는 수들끼리 곱하고, 다시 이들을 더해서 33이 되는 수를 찾아야 한다. 이 인수분해 문제를 10분 이상 걸리고도 틀리는 아이를 종종 본다. 사실 이 아이에게 '공통인수'라는 작은 힌트만 주면 $3(x^2+11x+24)$로 놓고 암산해서 $3(x+3)(x+8)$로 인수분해하는 데 5초도 안 걸릴 것이다. 인수분해의 맨 처음은 항상 '공통인수 찾기'다.

인수분해는 어디까지 해야 하나?

인수분해를 하는 데 계속 인수분해가 되면 끝까지 하는 게 싫을 수도 있다. 36을 소인수분해할 때 $36=2\times3\times6$이라고 쓰면 6이 소수가 아니라서 틀린다. 인수분해에서도 마찬가지로 끝까지 하지 않으면 틀리는 것이다. 그럼 어디까지 해야 할까? 교과서에 명시적으로 나온 것은 없고 그냥 관례적으로 '유리수 범위까지'라고 되어 있는데, 그 이유는 또 무엇일까? 대부분의 선생님들은 그냥 "유리수 범위까지만 해라." 라고 대답한다. '그렇구나.' 하고 넘어가면 절대 안 된다. 끝까지 파고드는 것이 수학에서 길러야 할 자세다. 분명히 중3이면 실수 범위까지의 수를 배웠으니 실수 범위여야 하지 않을까? 실제로 고등학교에 가서는 인수분해를 실수 범위까지 하고 있다. 다음 문제를 통해서 이를 알아보자.

Q. $x^8-1=(x^4+1)(x^4-1)$

$\qquad =(x^4+1)(x^2+1)(x^2-1)$

$\qquad =(x^4+1)(x^2+1)(x+1)(x-1)$

여기까지가 유리수의 범위다. 같은 방식으로 실수까지 즉 무리수의 범위까지 한다면 다음처럼 될 것이다.

$$=(x^4+1)(x^2+1)(x+1)(\sqrt{x}+1)(\sqrt{x}-1)$$

중학교에서 이렇게 하지 않는 이유는 무엇일까? '루트 안의 수인 x가 양수'라는 조건이 없어서 그렇다. 만약, x가 양수라는 조건이 있다면 당연히 가능하며, 고등수학에서는 거기까지 가는 것이다. 아이들은 인수분해 중 a^2-b^2 꼴의 문제를 가장 쉽게 생각한다. 그런데 항상 그렇듯이 이렇게 쉬운 것이 중요하다. $(a+b)^2-(c+d)^2$도 크게 보면 a^2-b^2 꼴이다. 이때는 특히 $(a+b+c+d)(a+b-c-d)$가 아니라 $(a+b+c+d)(a+b-c+d)$로 쓰지 않도록 부호를 조심해야 한다. $a^2-2ab+b^2-x^2-6x-9$라는 긴 식이 있을 때 길어서 안 보일 수도 있겠지만 뒤 3개의 항을 $-$로 묶으면 $(a^2-2ab+b^2)-(x^2+6x+9)$가 되고 다시 각각을 인수분해하면 $(a-b)^2-(x+3)^2$이 되어 다시 a^2-b^2 꼴이 된다.

고등수학을 위한 인수분해

첫째, 공통인수를 뽑는 것도 약간 어려운 것이 있다.

$a(x-y)+b(y-x)$를 인수분해하라는 문제가 있다고 가정하자. 2개의 항으로 되어 있는 다항식이다. 먼저 공통인수를 찾으면 $(x-y)$와 $(y-x)$로 비슷하지만 똑같지는 않은 것이 부호가 반대다. -1이라는 공통인수를 갖고 있다고 볼 수도 있다. $(y-x)$에서 공통인수 -1을 뽑아내면 $-(-y+x)$가 되며 다시 괄호 안의 항을 바꿔주면 $-(x-y)$가 된다. 이제 공통인수가 보일까? $a(x-y)+b(y-x)=a(x-y)-b(x-y)=(x-y)(a-b)$.

둘째, 좀 더 복잡한 문제는 '치환'을 사용한다.

그러나 치환했을 때, 인수분해가 되는 것도 있지만 되지 않는 것도 있다. 치환한 다음 인수분해가 되지 않을 때는 개념이 아닌 기술이기는 하지만 '합차공식'을 떠올려야 한다. 합차공식을 떠올리지 못하면 그 문제를 풀지 못할 것이다. 세 문제만 풀어보자.

Q. (1) $(x+y)^2-5(x+y)+6$

(2) x^4-5x^2-36

(3) x^4+5x^2+9

⑴ $(x+y)$를 치환해도 되지만 이 정도는 그냥 할 수 있겠지?

$(x+y-2)(x+y-3)$

⑵ 이런 문제는 4차식임에도 '복이차식'이라고 하는데, x^2을 A로 치환했을 때 $A^2-5A-36$는 A에 관한 이차식이기 때문에 이런 이름이 붙었다. 인수분해하면 $(A-9)(A+4)$이며, 역치환하면 $(x^2-9)(x^2+4)$이다. 인수분해가 더 되니 답은 $(x-3)(x+3)(x^2+4)$이다.

⑶ 역시 x^2을 A로 치환하면 A^2+5A+9인데 인수분해가 안 된다. 인수분해가 안 되면 기술이지만 '합차공식'을 기억하라고 했었다. A의 계수를 조정해서 완전제곱꼴로 만들면 $A^2+6A+9-A$ ⇨ $(A+3)^2-A$이다. 역치환하면 $(x^2+3)^2-x^2$으로 비로소 합차공식이 보인다. $(x^2+3-x)(x^2+3+x)$로 정리하면 $(x^2-x+3)(x^2+x+3)$으로 더 이상 인수분해가 안 되니 이것이 답이다.

합 또는 곱이 0이 되는 경우를 찾아봐

조 선생 두 수를 곱해서 즉 $AB=0$이 되는 경우는 언제야?

아이 A나 B가 0이에요.

조 선생 맞았어. 각각의 경우를 하나씩 말해볼래?

아이 이거 알아요.

　① $A=0$ 그리고 $B \neq 0$　② $A \neq 0$ 그리고 $B=0$

　③ $A=0$ 그리고 $B=0$

조 선생 그 세 가지를 한꺼번에 말하면 '$A=0$ 또는 $B=0$'이라고 하는 거야.

아이 안다니까요.

조 선생 $x(x-3)=0$에서 x의 값이 뭐야?

아이 3이요.

조 선생 $x(x-3)=0$에서 x와 $x-3$이 곱해진 것이 보이니? 원칙대로 해 볼래?

아이 '$x=0$ 또는 $x-3=0$'이요. 0이 빠졌네요.

조 선생 처음부터 원칙대로 하지 않으면 자꾸 헷갈리는 거야.

아이   알았어요.

조 선생 $AB \neq 0$이 되는 경우는 언제야?

아이   글쎄 처음 보는데요. 아마 '$A \neq 0$ 또는 $B \neq 0$'이 아닐까요?

조 선생   아닌데. $A \neq 0$ 또는 $B \neq 0$은 ① $A=0$ 그리고 $B \neq 0$ ② $A \neq 0$ 그리
고 $B=0$ ③ $A \neq 0$ 그리고 $B \neq 0$이고 ①과 ②는 그 결과가 0이잖아.

아이   그럼 어떻게 하죠?

조 선생 $AB \neq 0$은 두 수를 곱해서 0이 아니라는 거잖아. 그럼 A도 B도
0이어서는 안 되지 않냐? 어떤 수도 0을 곱하면 0이 되니까.

아이   더 헷갈려요.

조 선생   맞아. 각각을 배우니 힘든 것 같아. 처음부터 다시 해보자. 두
수 A와 B가 있을 때, 두 수는 $A=0$, $A \neq 0$, $B=0$, $B \neq 0$의 경우밖
에 없으니 역시 두 수의 곱이 되는 경우는 다음 네 가지 경우밖
에 없어.

① $A=0$ 그리고 $B=0$

② $A=0$ 그리고 $B \neq 0$

③ $A \neq 0$ 그리고 $B=0$

④ $A \neq 0$ 그리고 $B \neq 0$

그런데 ①, ②, ③이 $AB=0$이었으니 ④가 $AB \neq 0$이라는 거지.

아이   나름 생각이 깔끔해지네요.

조 선생 $A+B=0$(단, A와 B는 실수)가 되는 경우는 언제야?

아이   둘 다 0이면 되겠네요.

조 선생   또 있단다.

아이   뭐지? 생각해봐도 없는데.

조 선생   초등생이면 생각할 수 없겠지만 너는 중학생이니 해낼 수 있어!

아이   뭐지? 3-3=0도 아니고.

조 선생   왜 아닌데?

아이   맞아요?

조 선생   응, 이제 모든 식은 합과 곱으로 봐야 하는 거야.

아이   그럼 4-4, 5-5 등 무수히 많잖아요?

조 선생   응, 무수히 많으니 정리해야겠지.

아이   절댓값이 같다고 하면 되겠는데요.

조 선생   아니, 절댓값은 같아야 하지만 부호는 달라야 해.

아이   그렇게 말할 수 있네요.

조 선생   부호가 다르다는 어떻게 표현할까?

아이   넹?

조 선생 $AB < 0$이라고 해. 그럼 '부호가 같다'는 어떻게 표현할까?

아이   제가 하나를 배우면 둘을 알죠. $AB > 0$.

조 선생   맞아. 그런데 이거 많이 쓰여서 선생님이 정리했어.

$$A+B=0 \Rightarrow \begin{cases} ① A=0 \text{ 그리고 } B=0 \\ ② |A| = |B| \text{ 그리고 } AB < 0 \end{cases}$$

아이   깔끔하네요.

조 선생   여기서 중요한 것은 두 수의 합이 0이 되는 경우가 이것밖에 없다는 거야.

아이   선생님이 이것밖에 없다고 하는 이유는 이미 알아요.

조 선생   얘가 말을 못 하게 하네.

책상에 딱 붙여 놓고 인수분해 매일 말로 풀기

책상에 붙여 놓고 매일 말로 중얼중얼 인수분해를 연습한다. 매일 할 수 있도록 중학교의 인수분해를 위해 다루어야 하는 최소한의 문제들만 담았다. 빨라질 때까지 계속하고 충분히 빨라지면 추가해서 더 넣어도 좋다. 이때는 고등을 대비하여 고차의 인수분해를 다루었으면 한다.

(1) x^2+x-30

(2) $x^2-37x+36$

(3) x^2-2x+1

(4) $x^2+3x+\dfrac{9}{4}$

(5) $-2x^2-2x+4$

(6) $3x^2+7x+4$

(7) $6x^2+13x-5$

(8) x^2-16y^2

(9) $2x^2-50$

⑩ $ab-a-b+1$

⑴ $(x+6)(x-5)$

⑵ 이 문제를 못 푸는 학생들도 있는데, 곱해서 36이라는 말은 36의 약수라는 말이다. $(x-1)(x-36)$

⑶ 완전제곱은 '반의 제곱'을 기억해야 한다. $(x-1)^2$

⑷ $(x+\dfrac{3}{2})^2$ 완전제곱 꼴은 x의 계수 '3의 반' 즉 $\dfrac{3}{2}$의 제곱이 상수항이 됨을 확인하면 쉽게 구할 수 있다.

⑸ 공통인수를 묶어야겠지? $-2(x^2+x-2)=-2(x+2)(x-1)$

⑹ $(x+2)(3x+1)$

⑺ $(2x+5)(3x-1)$

⑻ $(x+4y)(x-4y)$

⑼ 역시 공통인수! $2(x^2-25)=2(x+5)(x-5)$

⑽ 4개의 항을 한꺼번에 묶을 수 없으니 2개씩 묶되 앞의 항 2개는 a로, 뒤의 항은 $-$로 묶으면 공통인 항이 보인다. $a(b-1)-(b-1)=(b-1)(a-1)$. 항 4개짜리 이차식의 인수분해는 중학교에서는 더 이상 배우지 않다가 고등수학에서 갑자기 다시 나오니 어렵지만 반드시 이해해야 한다.

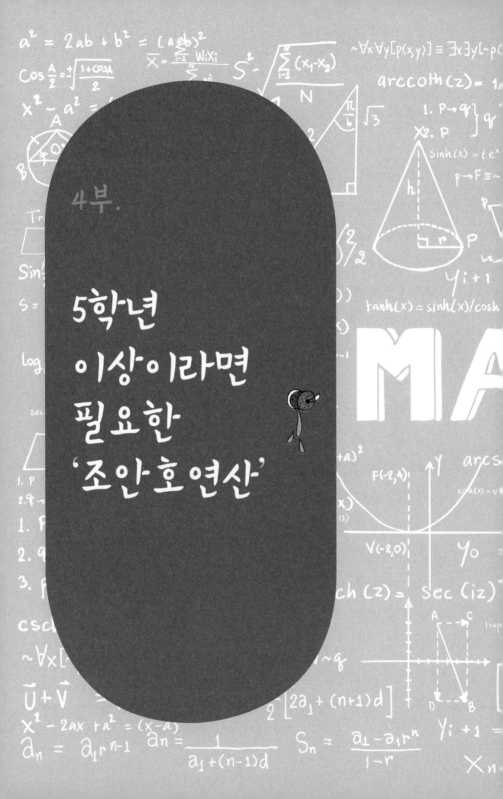

4부.

5학년
이상이라면
필요한
'조안호연산'

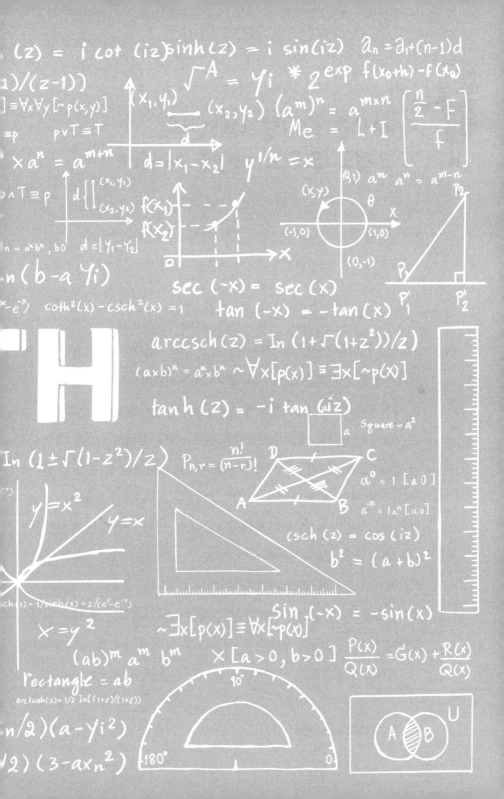

1. 세상은 디지털 시대인데, 그것도 모르고 25년을 싸웠다

지난 25년을 돌아보면 가장 힘들었던 일은 개념을 가르치는 것이 아니라 남들이 쉽다고 우습게 여기는 연산을 가르치는 일이었다. 수학을 잘하려면 기본적으로 아이가 연산과 개념을 잘 잡아야 하는데, 많은 부모들은 필자의 개념에만 관심을 두고 연산은 우습게 여기는 경향이 있다. 집에서 직접 아이에게 연산을 시켜본 사람들은 알 것이다. 연산 훈련은 매일 해야 하는데 아이는 깜빡했다고 하고, 밀렸다가 한꺼번에 하고, 이런 거 왜 해야 하냐며 짜증내고, 기껏 자리에 앉혀 놨더니 10분이면 할 것을 1시간씩 미적거리고, … 게다가 1~2년 공부가 무색하게 대부분은 습관으로 잡히지도 않는다. 연산의 중요성을 모른다면 이 짓을 하기 어렵다. 차라리 중·고등학생을 가르치는 게 편하다. 그런데 어쩌랴. 고등학생이라면 시기적으로 늦어서 못하겠다고 하지만, 적어도 희망이 있는 중2나 간혹 중3까지는 연산이 안 되는 아이가 있으면 그 지겨운 연산을 잡아주기 위해 씨름해야만 했다.

　잠시 자랑 좀 한다. 25년간 고생했고 이제 학습지 생활도 청산했는데 이 정도는 봐주기 바란다. 연산이 안 되는 중학생은 당장 수학이 바닥이며 학원이고 과외고 아무리 돈과 노력을 퍼부어도 소용이 없다. 특히 분수의 연산이 안 되면 당장의 수학 성적이 어느 정도 나온다 할지라도 장차 아이는 수학을 포기하게 될 것이다. 모르면 모를까 알면서 어떻게 가르치지 않을 수 있겠는가? 특히 중학생들에게 분수를 가르치는 일이 어렵다. 중학생에게 연산을 가르치면 당장 성적에 도움이 되는 것도 아니고, 아이도 싫어하고, 어려움은 큰데 알아주는 사람은 하나 없다. 싫다는 아이를 붙잡고 어르고 달래서 최소 6개월에서 1년 정도 연산을 한 뒤에야 개념을 잡아가며 제 진도를 나가서 성적이 90점, 100점이 나와야 비로소 학부모도 고마움을 표한다.

　10~20점이던 성적이 한 순간에 90~100점으로 뛰어오르는 일은 당사자인 학부모도 그렇겠지만, 매순간 필자에게도 드라마틱하기만 하다. 분수를 잡아서 100점을 만들면 중학생들이 우르르 몰려들고, 특목고나 서울대를 보냈다는 소문을 어디서 들었는지 고등학생까지 몰려들었다. 자폐아를 가르쳐서 효과를 보았다면 자폐아를 둔 엄마들이 먼 거리를 마다하고 달려오셨다. 배우고 있는 사람들보다 대기자 명단이 더 많았으나 그만두는 사람이 없어 몇 년씩 갖고 있다가 전화하기 미안해 폐기하기도 했다. 눈물로 호소하고 잠깐을 보러 몇 시간씩 차를 타고 오시는 부모님들 덕분에 때론 필자가 마치 대단한 사람인 양 착각

하기도 했었다. 거의 휴일도 없이 매일 12시를 넘겨 집에 들어가는 생활이 잦았다. 바쁜 나날들이었지만 아이들을 가르쳐서 성적이 나오고, 아이들의 희망이 커져가는 것을 보는 일은 교육하는 사람으로서 무엇과도 견줄 수 없는 고마운 일이었다. 하지만 고백컨대 필자가 훌륭하거나 뭔가 특별한 비결이 있는 것이 아니다.

수학의 길은 하나다

많은 사례들이 있었으니 아이마다 다양한 방법을 구사한 것으로 오해할 수도 있겠지만 사실은 그렇지 않다. 수학이 바닥인 아이들을 끌어올려 90점, 100점을 만들었는데, 그 공부의 공통된 시작은 대부분 연산이었다. 중학생이라도 구구단을 못하면 외우게 시켰고, 고등학생이라도 중학 함수를 못하면 중학교 함수부터 시켰다. 수학에서 배워야 할 것은 이미 정해져 있고, 각 단계마다 필요로 하는 요건들을 갖추기만 하면 원하는 결과를 내게 된다. 자폐아는 일반 아이보다 좀 느릴 뿐이고, 영재 아이는 과제집착력 때문에 반복의 횟수를 좀 빨리 채울 뿐이다. 간단하게 말하면 최대한 연산의 부작용을 최소화하여 고1에 필요한 수준의 연산을 잡아 나가면서 개념을 잡아 논리적인 사고를 키워나가는 게 비결이라면 비결이다. 사람들이 안 하고 몰라서 그렇지 연산만 된다면 개념은 생각처럼 오래 걸리는 일이거나 필자에게 어려운 일은 아니다.

필자가 만든 학습지로 25년간 일주일에 한 번씩 만나 30분 정도씩 가르쳐서 수많은 아이들을 변화시켰다. 30분 중 15분은 마인드 교육을 했으니, 실제로는 15분 정도만으로 개념을 가르쳤다는 말이 된다. 문제의 유형을 잡거나 기술을 가르쳤다면 15분은 턱없는 시간이지만 개념으로 가르치니 충분했다. 직접 가르치는 아이들은 거의 그만두지 않고 중학생에 시작한 아이도 고등학교까지 가는데, 오래 기억되지 않는 임기응변식 기술을 가르친다면 아이는 물론이고 가르치는 사람이 엄청 힘들게 된다. 아이가 힘든데 선생이 힘들지 않는다면 싸이코패스이거나, 학생을 돈으로만 보는 사람일 것이다. 돌이켜보면 필자에게 배운 사람들은 대부분 1,2년이 아니라 여러 해를 공부했기에 다양한 실험도 가능했고, 필자의 수학에 대한 마인드가 학생들에게 고스란히 전달되지 않았나 싶다.

연산도 개념도 해두면 뭔가 도움이 될 거라는 식의 애매한 것을 버리고, 구체적으로 해야 할 것을 정하고 목표를 수량화하여 하나씩 끝내가는 것이 필요하다. 아이의 공부를 위해 길을 찾고자 하는 노력으로 이 책을 읽고 있는 여러분도 필자가 요구하는 연산이나 개념을 해야 하는 이유와 목표를 명확히 하고 실행해 성공하기를 바란다. 책에서 못 찾았거나 언급하지 않았는데 궁금한 것이 있다면 필자에게 연락해서 같이 길을 찾을 수도 있을 것이다. 수학의 길은 의외로 명확할 수도 있다는 점을 잊지 말자.

선생님은 지식만을 전달하는 사람이 아니다

그동안의 내 경험에 의하면 대부분의 성과는 일주일에 1번 30분 정도를 가르쳐서 얻었다. 그런데 30분을 모두 가르치는데 사용하지 않고 절반 정도의 시간 동안 수다를 떠는 것에 대해서 많은 독자들이 궁금해했다. 학부모님들은 잔소리하는 시간에 하나라도 더 가르쳐주기를 바랐지만, 25년을 가르치는 동안에는 대놓고 물어보지 않아서 이제야 그 이유를 생각해 보게 되었다.

처음 의도는 학생과 친해지려는 단순한 생각이었다. 그러나 점차 공부를 잘한다는 것이 단순히 지식만을 습득하는 것으로 해결되지 않는다는 것을 알게 되었다. 단적으로 말해서 만약 어떤 중·고등학생이 스스로 생각해서 '공부 대신에 다른 무언가를 해야겠어.'라고 결심했다면 아이의 공부는 끝이다. 이 시기의 아이들은 합리적인 설득이 불가능하기에 아이를 설득해서 다시 공부하게 만드는 것은 거의 불가능에 가깝다. 이처럼 아이의 꿈, 주어진 환경 등을 공부를 잘할 수 있도록 조절하는 외적인 의미도 크다. 보다 내적이고 직접적인 이유는 가르치고 있는 합리적 사고와 수학적 논리를 생활 속에서 일치토록 시키는 것이다. 수학에서 배우는 논리를 생활 속에서 적용하면 생각과 행동을 일치시켜서 보다 내재화시키기 유리하다고 생각해서 아이와의 대화를 중요시 했던 것 같다.

수학을 잘하는 사람은 거의 모두 성실하고 논리적이다. 역으로 수학을 배우면서 성실하고 논리적인 사람이 되어야만 수학을 잘한다고도 할 수 있다. 생각이 바뀌면 행동이 바뀌고, 행동이 바뀌면 그 사람 전체가 바뀐다. 그 사람 전체가 바뀌어야 수학이 바뀌고 인생이 바뀐다고 믿는다. 모든 교육의 목적은 변화에 있고, 학생은 현재가 아니라 미래의 모습을 그리며 변화해야 한다. 따라서 학부모든 선생님이든 학생에게 공부하라고 말하는 것은 변화를 하라고 하는 것이다. 가르치는 사람은 변하지 않으면서 학생보고만 공부하라, 변화하라는 사람도 있는데, 이런 사람은 교육자로서 자격이 없다. 필자는 학생들에게 비록 늙어서 한꺼번에 많이 변하지는 못하겠지만, 죽을 때까지 조금씩 변화하겠노라고 약속했다.

어려운 수학 한 문제를 완전하게 풀기 위해서는 결국 사람 전체가 바뀌어야 한다는 것이다. 직접적으로 수학을 통해서 연산과 개념과 근성이라는 것을 키워가야 하지만, 생활 속에서 수학은 성실과 논리를 바꿔가는 과정에 있는 것이 학생이다. 수학선생님이 가르치는 것은 단순히 수학적 내용에만 국한된 것이 아니라, 변화 과정에 있는 학생은 선생님의 모든 것을 받아들이려 할 것이다. 따라서 수학선생님을 학부모가 선택할 때에는 단순히 수학적인 것만을 기준으로 삼지 말고, 선생님의 인성까지도 살펴보아야 할 것이다.

우여곡절 끝에 25년의 숙원을 풀다

우여곡절 끝에 25년간 현장에서 실행하며 만들어온 핵심 콘텐츠의 연산을 핸드폰(또는 태블릿)으로 작년부터 공급하고 있다. 프로그램 이름은 〈조안호연산〉이다. 수학을 잘하기 위해서는 기본적으로 연산과 개념을 갖추어야 한다. 지난 25년 개념이 아니라 연산을 가르치다가 속이 터져 죽는 줄 알았다. 연산은 별것도 아니면서 가르치는 사람은 힘들고 그것을 푸는 당사자는 지루하며 이것을 지켜보는 엄마는 속 터진다. 지난 25년간 필자가 일주일 내내 아이들과 실랑이한 분량의 연산이 하루치 분량에 불과하다. 세상이 바뀌어 디지털의 시대로 바뀐지 오래건만, 우둔한 필자는 무식하면 용감하다고 그것도 모르고 연산과 25년을 싸웠다. 연산은 오프라인이 아니라 온라인이 답이다. 연산에 있는 개념을 설명은 해야겠지만, 기본적으로 연산은 지루한 훈련의 과정을 거친다. 작은 수의 연산이 즉각적인 반응으로 튀어나오기 위해서 많은 반복을 필요로 하는데 이것을 결과적으로 사람이 가르치기에는 적절하지 않은 것 같다.

1년이 안 되는 동안 〈조안호연산〉을 운영하였지만, 학부모로부터 연산이 어마어마하게 빨라졌다는 피드백을 받곤 한다. 숫자를 쓰는 것이 아니라 터치 방식이고, 게임 요소를 받아들여 평민, 중인, 양반 등 13개 등급으로 되어있어서 승급을 하니 가르치는 사람도 아이들도 훨씬 흥미로워한다. 최근 1차 앱의 고도화작업을 해서 포인트를 주게 되었다. 열심히 하는 학생에게 월 최대 3700포인트 정도를 주게 된다. 이 정도면 그러지 않아도 열심히 하는 학생의 의욕을 불러 일으키는 것이 어렵지 않다는 의견이 많아서 앞으로가 더 기대된다.

〈조안호연산〉을 만든 필자의 의도는 명확하다. 수학에서 필요로 하는 연산의 부작용을 최소화하고 초·중등 연산을 3년이라는 비교적 짧은 시간에 끝내자는 것이다. 필자가 책에서 초등에서만 최소 3년은 연산에 투자하라고 했는데, 〈조안호연산〉에서는 이를 1년도 안 되는 기간에 더 많은 연습량으로 끝내고, 나아가 다양한 연산의 확장까지를 포함하여 초등의 연산을 거의 1년 반 정도에 끝내게 된다. 필자는 중학교의 방정식도 연산이라고 생각한다. 중학교 3년 동안 일차방정식과 이차방정식을 배우게 되는데 이것을 매번 풀면서 생각할 수는 없다. 정수, 유·무리수, 방정식, 인수분해, 기초함수에 이르기까지 1년 반이면 끝낼 수 있게 된다.

2. 4학년이 넘었다면 기존 방식으로는 연산을 잡을 수 없다

초등에서는 1, 3, 5학년이 중요 학년이고 각각 암산력, 빠르기, 분수의 사칙연산을 하는 학년이다. 오프라인으로 할 때, 각각 1년 정도씩 3년을 충실히 하면 초등 연산의 기본을 갖추게 된다. 연산이 심하게 부족한 아이라면 초등 3학년 때라도 학부모가 알게 되지만, 그렇지 않다면 대부분 초등 4학년이나 5학년 때 알아채게 된다. 학년별 대처법을 알아보자.

초등 4학년 초반인데 연산이 안 잡혀 있으면 아이는 이미 계산이 느리고 수학을 싫어하면서 수학 포기의 문턱에 접어들 것이다. 그러나 아직 중학교까지 3년이나 남아 있으니 시중의 연산학습지 선생님과 상의하여 충실히 잡는다면 시간상으로 중학교부터는 성적이 나온다. 그런데 이 시기에도 연산이 안 되는 아이를 당장의 성적에 욕심을 내거나 가르치기 어렵다는 이유로 학원을 보내 해결하려 들면 아이의 문제를 더 키울 뿐이다. 보통의 학원에서는 연산을 가르치지 않으며, 설사 가르친다 할지라도 한두 장씩 푸는 걸로는 해결되지 않는다. 그마저도 아이에게 필요한 부분이 아니라 엉뚱한 부분을 지도하는 경우가 많다. 예를 들어 한 자릿수끼리의 암산력이 필요한 아이에게 두 자릿수 더하기 두 자릿수의 세로셈을 시키는 학원을 많이 본다. 큰 수의 연산은 아이가 잘하는 것처럼 보이고, 아이의 자존심을 살리면서 학원이 뭔가 한다는 것을 보여주기에는 좋지만 정작 아이에게 필요한 암산력은 아니다. 이런 큰 수의 연산을 연습하면 실력은 안 늘고 끝내 수포자가 될 것이니 학원에 의지 하지 말고 직접 가르치는 것이 더 낫다. 4학년 초반인데 연산이 부족하다면 암산력, 구구단, 빠르기를 체크하여 1년에서 1년 반 정도는 부족 부분을 메우고 초등 5학년의 분수를 준비해야 한다.

초등 5학년은 분수를 배우는 학년인데, 분수가 잘 되지 않는다면 점차 수학을 포기하기 시작하다가 중3이 되면 전부 놓아 버리게 된다. 따라서 어떤 방법으로든 분수를 초등에서 끝낸다고 생각해야 한다. 초등 분수의 목표는 5~6개가 필요한 연산을 암산으로 빠르게 오답 없이 처리 할 수 있어야 한다. 5학년인데 연산이 부족하다면 기존의 방식으로는 연산을 잡을 수 없다. 이 경우라면 세 가지 방법 중 하나를 선택할 수 있겠다.

첫 번째, 빠르기가 심각하게 느리지 않다면 빠르기를 포기하고 분수의 연산에서 1년 반 정도, 그러니까 다른 아이들보다 6개월 정도를 더 오래 시키면서 암산력이 형성되도록 하는 방법이다. 아이는 아마 분수라면 이가 갈릴 정도로 싫어하겠지만 그동안 놀았던 벌이라고 설득해야지 별 수 없다. 하지만 나중에 중학교에 가서 잘하게 되면 이 어려움도 추억이 될 것이다.

두 번째, 연산이 심각하게 부족하여 분수를 그냥 진행시키기 어렵다면 엄마가 필요한 부분을 짜깁기해서 시키는 방법이다. 연산이 심각하게 부족한지 아닌지를 판단하는 근거는 약분을 시켜보면 알 수 있다. 약분은 분수의 중요 부분이고 가장 지루한 부분이기도 하지만, 직접적으로는 나눗셈의 부족과 수감각을 판단하기에 좋다.

세 번째, 앞으로 소개할 '조안호연산' 프로그램을 활용하는 방법이다.

3. '조안호연산' 프로그램의 구성

 지난 10여 개월 동안 700여 명의 독자들 한 분 한 분과 1~2시간씩 통화를 하였다. 어떤 의도로 프로그램을 개발하였으며, 수학을 잘하기 위한 큰 지침들을 말씀드렸다. 요즘과 같은 디지털시대에 체험신청을 하고 나서 일주일 이상씩 필자의 전화를 기다려주시고, 다시 1~2시간의 짬을 내는 것이 쉬운 일이 아니었을 텐데 이 자리를 빌어 감사의 말씀을 드린다. 필자의 말을 듣고 수학의 방향을 정하게 되었다는 말씀에 힘입어 어려운 줄도 모르고 지속할 수 있었다.

 〈조안호연산〉은 기본적으로 고등수학에서 필요로 하는 연산만 엄선하여 부작용을 최소화하고 3년 동안 초등과 중등 연산을 끝내는 것이 목적이다. 예전에 책에서는 5학년 이상은 오프라인 교육으로는 빠르기를 해줄 수 없으니 온라인으로 연산을 해결하라고 지침을 주었었다. 그 말이 틀린 것은 아니지만, 현재 5학년 미만의 학생들이 더 많이 신청하였고 더 쉽고 열심히 하여 효과를 보았다. 5~6학년이 신청할 당시 실력은 모자라는데, 시기적으로 수학에서 가장 싫어하는 분수의 사칙계산을 동시에 연습을 시킬수 밖에 없으니 당연히 힘들었을 것이다. 그런데 5~6학년이면 초등 분수를 빠른 시간 내에 마무리해야 하고 중학수학을 준비해야 하는 시기라서 필자의 마음도 바빴던 것이다.

〈조안호연산〉을 하다가 그만두는 비율은 중학생이 가장 많다. 중학생의 절반이 분수셈을 못하니 필자는 그 누구보다도 부족한 중학생들에게 연산을 시키고 싶다. 학부모는 열심히 설득하였지만 다시 아이를 설득하는데 실패한 것이다. 중학생은 초등학생과 달리 수학을 보는 관점이 쉽냐 어렵냐로 판단하고, 당연히 연산은 쉬운 것이니 시키면 자신을 무시하는 것이냐 라는 반응을 보인다.

결론적으로 말해서 현재 이 책을 보는 독자가 5학년 이상이라면 오프라인으로는 연산이 이미 늦었으니 〈조안호연산〉이 유일한 해답이다. 그런데 5학년 이상이면 동시에 분수의 사칙계산을 다루어야 해서 어려움이 있으니, 미연에 방지하고 싶으면 5학년 이전에 미리 실력을 키울 수 있으면 더 좋겠다는 것이다. 가장 좋은 것은 2~3학년에서 시작하여 1년 반에서 2년간 훈련함으로써 초등연산을 다 끝내고, 필요에 따라서 1년 정도 쉬었다가 다시 시작하여 중학수학 연산을 1년 6개월 정도에 걸쳐서 끝내는 것이다. 이처럼 연산은 〈조안호연산〉으로 빠르게 끝낼 수 있으니 개념과 근성을 키워주는 데 더 집중하면 좋겠다는 뜻도 담겨있다.

조안호연산 공식 블로그(*http://blog.naver.com/joanhomaths*)

조안호수학연구소 홈페이지(*www.joanholab.com*)

단계와 내용
: 초등 분수에서 중등 인수분해까지 현재 약 360개 항목

'조안호연산' 프로그램은 약 360개의 항목으로 되어있으며 앞으로 추가한다 해도 400개 정도에서 멈출 것이다. 항목을 늘리는 것은 어렵지 않으나 항목의 수를 늘리면 학생들의 연산을 기르는 데 그만큼 더 오랜 시간이 걸릴 뿐만 아니라 기계적인 연산에 매몰되어 생각하는 능력을 소진시킬 우려가 크기 때문이다. 세부적인 항목을 밝혀서 많은 사람의 공감을 얻고 싶으나, 요즘 필자의 책이나 프로그램을 베낀 뒤 큰 수까지 범위를 넓히는 등 이상하게 변형하는 일이 잦아서 큰 틀에서만 공개하기로 하였다.

보통 1세트 당 20문제이며, 매일 하루에 10~20세트 정도를 풀게 된다. 초등학교 1학년에 10세트, 초등학교 2~3학년에 15세트, 4학년 이후는 20세트를 권하며, 초기 체험프로그램에서도 권장량을 따른다. 이후에는 아이마다 세트수를 조정을 할 수 있는데, 그때의 기준은 시간이다. 그날의 학습 분량을 모두 끝내는데 정상적인 진도의 학생이라면 10분 정도가 기준이며, 15분을 넘지 않게 해야 한다.

하루에 10세트를 푼다면 문제로 200문제, 20세트를 푼다면 400문제이다. 보통 학습지의 일주일치 분량이 400문제이니, 하루에 400문제씩 푼다면 실로 어마어마한 양이라 할 수 있다. 양이 많지만 아이의 입장에서는 숫자를 쓰는 대신에 터치를 하는 것이어서 학습시간은 보통 12분 정도에 끝내며 어려워하지 않고 있다. 물론 처음부터 그런 것은 아니다. 처음 체험을 20세트로 시작하였을 때 걸리는 시간이 보통 30~40분 정도지만, 일주일 정도 연습하고 나면 거의 대부분 학생들이 10분대의 시간에 400문제를 풀게 된다. 점차 시간이 더 줄어들어 10분대 초반이 되며, 문제의 난이도가 올라가지만 비례하여 실력도 같이 상승하여 10분대 초반의 시간을 유지하게 된다.

하루에 400문제씩 풀게 될 때, 한 달이면 25×400=10,000문제이고 1년이면 12만 문제를 풀게 된다. 필자가 초등, 중등의 연산에 해당하는 문제를 3년 만에 끝내기를 원하였는데, 결국 36만개 정도의 문제풀이 연습을 통해서 연산을 해결하는 것이다. 이 정도면 100쪽짜리 연산 문제집을 기준으로 180권에 해당한다. 연산이란 생각하는 부분이 없지는 않지만, 결국 중·고등학교에서 다루어야 하는 수연산의 완벽한 준비는 거의 자동화처리수준이 되어야 한다. 간혹 연산과 개념과 근성을 길러야 한다고 하였더니, 이것을 순차적으로 기르겠다는 분들이 있었다. 순차적으로 연산을 먼저 기르겠다고 몇 년을 연산만 한다면, 아이는 이 기간을 거치면서 이미 생각하지 않는 아이로 변할 가능성이 높다. 하나하나 순차적으로 하는 것이 아니라 연산, 개념, 근성을 동시에 잡을 계획이 필요하다. 따라서 연산은 비록 많은 양이지만, 부작용을 최소한 채 빠른 시간 내에 끝내가면서 개념과 근성을 함께 길러가는 것이 수학공부법의 해답이 될 것이다. 연산을 이해만 해도 된다고 하는 사람은 아이들을 가르쳐서 성공을 시켜본 적이 없는 이론전문가일 뿐이며, 하루에 30분 이상 1시간씩 계속해서 연산을 주입시키는 사람은 수학의 개념이 무언지도 모르고 가르칠 것이 연산밖에 없는 실력이 떨어지는 사람이다.

[초등]

1) 자연수 암산력 섹션 총 10단계
도트, 보수, 한 자릿수의 연산 등 기초연산과 목표인 두 자릿수와 한 자릿수의 암산력 완성, 덧/뺄셈의 확장 그리고 여러 가지 분할의 방법이 제시된다.

2) 구구단 연습과 강화 섹션(순창, 역창, 분산창) 총 13단계
구구단을 세분하여 각 단계로 나누고, 다시 순창, 역창, 분산창으로 나누어 각 6단계로 구성된다. 세분한 구구단 연습이 끝나고 나서 통으로 연습하는데, 여전히 순창, 역창, 분산창을 연습한다.

3) 수감각 연습 섹션(묶창, 수세기, 약수가 2개인 소수훈련과 소인수분해, 거듭제곱, 기초방정식, 혼합계산) 총 9단계
본격적인 빠르기를 위한 준비나 중학교에서 요구하는 수감각을 미

리 준비하는 섹션이다.수감각은 배우자마자 형성되는 것이 아니라서 분수를 시작하기 전에 몇 달 연습하면 분수를 하면서 저절로 힘들지 않게 수감각이 살게 된다. 학생들에게 낯선 개념이 포함되어 있어 추가로 개념의 공급이 필요하다. 이들을 설명하는 공간이나 동영상을 곧 제공할 것이다. 총 단계는 적으나 각 단계별로 항목이 많아서 약간 긴 시간도 필요하다.

4) 원천 빠르기 연습섹션(곱셈, 나눗셈) 총 2단계

두 자릿수 곱하기 한 자릿수와 두 자릿수 나누기 한 자릿수, 세 자릿수 나누기 한 자릿수에서 수학의 원천 빠르기가 결정된다. 이 섹션의 통과가 쉽지 않을 것이다. 학부모의 입장에서는 쉬운 것을 통과하지 못하고 반복하며 오히려 이상하게 보이는 것들이 통과하여 의아하게 생각하는 경우가 많다. 학부모와 필자가 엇갈리는 부분이다. 항상 쉬운 것이 중요하며, 대신 이 부분의 통과가 이루어진다면 전체의 통과수준이 달라질 것이다.

5) 분수준비 섹션(약수, 배수, 배수판별법, 최대공약수, 최소공배수, 동분모 덧/뺄셈, 약분) 총 8단계

곱셈과 나눗셈이 부족하면 당장 약수와 배수를 가르치면서 힘들고 연산은 약분부터 삐걱인다. 지루하게 긴 과정과 그 내부에서 필요한 내용을 하나씩 미리 준비한다.

6) 분수 연산과 확장 섹션(이분모의 다양한 연산과 확장, 외워야 하는 소수, 대소수의 연산, 백분율, 비례식) 총 8단계

초등 분수는 연습을 통해서 분수의 사칙계산이 자유롭게 나와야 하는 것은 기본이다. 여기에 최대공약수와 최소공배수가 직관적으로 나오는 것은 물론 여러 가지 수감각이 사는 것이 목표이다. 그런데 이것을 학부모가 알아채기는 어렵다. 따라서 당연히 분수의 연산이 잘나오면서 5~6개의 암산이 어렵지 않는가를 확인하는 것이 필요하다.

[중등]

7) 수식의 연산 섹션(소인수분해, 정수와 유리수의 사칙계산, 거듭제곱, 이항분리, 다항식의 정리) 총 10단계

중1은 새로운 수인 유리수와 문자의 사용으로 연산과 개념을 완벽하게 준비해야 하는 첫 단추다. 앞으로 중·고등학교에서 해야 하는 공부의 방법이 거의 결정되는 경우가 많으니 학습법에 특히 신경을 써야하는 시기다. 〈조안호연산〉으로 초등학교에서 미리 인수분해와 거듭제곱, 분수가 잘 되었다면, 연산 자체를 학생들이 어려워하지 않을 것이니 '개념을 통한 문제풀이'라는 원칙으로 학습할 수 있도록 독려에 더 힘을 쏟기 바란다.

8) 방정식 풀이 섹션(정수계수의 방정식, 분수계수의 방정식, 지수법칙, 곱셈공식)

총 5단계

정수계수의 방정식 10개 항목, 분수계수의 방정식 8개 항목으로 긴 동안 일차방정식을 풀게 될 것이다. 최근 학교에서 〈자유학년제〉를 전격 실행하게 되면서, 중학교 1학년 때 방정식도 제대로 훈련이 안되어 있다. 아무래도 중2에서 수포자가 많이 나올듯하다. 필자가 보기에 방정식은 깊은 생각을 요구하지 않는 연산에 불과한데, 깊은 생각은 고사하고 연산도 부족해 보인다.

9) 일차함수 준비 섹션(대응, 좌표, 기울기, 일차함수구하기) 총 4단계

믿기 힘들겠지만 필자가 만든 미결정직선 등과 같이 쉬운 직선을 몰라서 고등학생들이 함수를 어려워한다. 함수의 개념들도 공부해야겠지만, 연산처럼 기본적인 연습을 해서 학생들의 부담을 덜어주고자 만든 섹션이다.

10) 무리수의 연산 섹션(무리수의 사칙계산, 무리수의 곱셈공식, 분모의 유리화) 총 4단계

무리수의 기본적인 연산을 연습하고 특히 무리수의 곱셈공식을 연습해 놓아야 고1의 허수연산의 부담을 줄일 수 있다.

11) 인수분해 섹션(공통인수, 인수분해) 총 2단계

공통인수, 완전제곱식과 합차공식 등 5개의 인수분해를 20여 개의

항목을 통해서 순차적으로 연습한다. 인수분해가 빠르면 이차방정식이 빠르고, 이차방정식이 빠르면 고등학교의 전체 수학이 빠르게 된다. 어찌 말하면 인수분해의 빠르기가 앱 〈조안호연산〉의 목표라 해도 과언이 아니다. 인수분해를 암산으로 하기 위해서는 내부적으로 6~7개의 암산이 필요하다. 만약 중1, 2학년이 이 글을 보고 있다면 아직 늦지 않았으니 자연수의 빠르기와, 분수에서의 암산력을 배양하여 중3의 인수분해를 준비하기 바란다. 보통의 학생들이 3~4개의 암산력을 가지고 있는데, 6~7개의 암산을 요구해서 중3의 절반에 해당하는 학생들이 수포자에 동참하게 된다.

12) 이차방정식 섹션(0의 성질, 이차방정식, 근과 계수와의 관계) 총 4단계
인수분해가 잘 되었다면 연산으로서의 이차방정식은 별거 아니니 연습만 하면 된다.

13) 이차함수 섹션(좌표, 꼭짓점, 이차함수식구하기, 이차함수와 이차방정식의 관계) 총 4단계
많은 학생들이 방정식과 함수를 서로 별개의 것으로 인식한다. 중학교 우등생들조차도 함숫값에 대해서 잘 모르고 있으니, 어찌 보면 방정식과 함수의 연관 관계를 이해하지 못하는 것이 당연하다. 여기에서의 함수연산은 연산을 통해서 학생들의 부담을 줄이는데 목적이 있다. 개념은 별도로 배워서 방정식과 함수의 연관관계를

이해하고, 방정식의 풀이를 함수로 접근하는 방법을 당연하게 생각해야 할 것이다. 간혹 함수의 그래프를 정성껏 그리면 함수가 되는 것처럼 호도하는 경우가 있다. 함수의 그래프를 그리는 것은 좋지만, 그것도 연산의 일종이며 그것이 개념은 아니다.

조안호연산 체험하기

초3 아이들이 구구단 빠르기를 지나 수감각 연습 단계의 '수분해'에 들어가면 다음과 같은 만만치 않은 유형들이 나온다. 그럼에도 아이들이 20문제를 50~55초 내로 다 맞춰야 통과되는데 다들 척척 해낸다. 옆에서 보면 신기할 따름이다. 부모님이 직접 한 번 해보길 바란다. 예전에 중학교에서 소인수분해로 배운 것들이다. 실제로는 태블릿으로 연습하게 되며 다음처럼 시트지로 나오는 것은 아니다.

[수분해] 통과 시간 55초

(1) 12   (2) 81

(3) 135   (4) 105

(5) 39   (6) 35

(7) 21   (8) 60

(9) 64   (10) 49

(11) 77   (12) 28

(13) 74   (14) 51

(15) 24   (16) 15

(17) 115   (18) 70

(19) 80   (20) 54

(1) 2 2 3 (2) 3 3 3 3 (3) 3 3 3 5 (4) 3 5 7 (5) 3 13 (6) 5 7 (7) 3 7
(8) 2 2 3 5 (9) 2 2 2 2 2 2 (10) 7 7 (11) 7 11 (12) 2 2 7 (13) 2 37 (14) 3
17 (15) 2 2 2 3 (16) 3 5 (17) 5 23 (18) 2 5 7 (19) 2 2 2 2 5 (20) 2 3 3 3

[약수] 통과 시간 2분

(1) 145   (2) 75

(3) 159   (4) 94

(5) 35   (6) 4

(7) 139   (8) 31

(9) 28   (10) 6

(11) 50   (12) 74

(13) 155   (14) 51

(15) 57 (16) 106

(17) 12 (18) 44

(19) 55

답

(1) 1 5 29 145 (2) 1 3 5 15 25 75 (3) 1 3 53 159 (4) 1 2 47 94 (5) 1 5 7 35 (6) 1 2 4 (7) 1 139 (8) 1 31 (9) 1 2 4 7 14 28 (10) 1 2 3 6 (11) 1 2 5 10 25 50 (12) 1 2 37 74 (13) 1 5 31 155 (14) 1 3 17 51 (15) 1 3 19 57 (16) 1 2 53 106 (17) 1 2 3 4 6 12 (18) 1 2 4 11 22 44 (19) 1 5 11 55

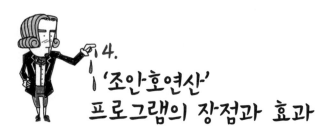

4.
'조안호연산'
프로그램의 장점과 효과

    '조안호연산' 프로그램은 아이가 매일 하루에 10~20세트씩 풀도록 되어 있다. 한 세트가 20문제 정도이니 하루에 거의 200~400문제를 푸는 것이며, 이 정도면 연산학습지로는 1주일 분량을 하루에 푸는 꼴이다. 시키는 문제의 개수만 보면 부모님은 우리 아이가 과연 할 수 있을까 싶겠지만, 프로그램의 특징과 아이들의 실제 사례를 보면 안심할 수 있을 것이다. 환경이 갖춰졌을 때 아이들의 적응능력은 보면서도 놀랍기만 하다.

① 짧은 시간 안에 몸을 변화시키기

    연산학습지 일주일치 분량을 하루에 푸는 어마어마한 양을 풀면서도 아이를 덜 힘들게 하는 요소들이 몇 가지 있다.

첫째, 항상 휴대하는 핸드폰으로 하는 것이니 언제 어디에서나 공부할 수 있다. 공부를 하려면 책상에 앉아서 책과 노트와 연필을 가지고 정식으로 깊은 생각을 해야 하는 것도 있다. 그러나 연산과 같이 기능적인 연습을 하는 것을 모든 조건이 갖추어져야 공부할 수 있다는 것은 불편하기 짝이 없다. 자투리 시간에 부담 없이 격식을 갖추지 않고 매일 10분 정도만 투자하자.

둘째, 많은 문제를 짧은 시간에 풀 수 있는 것은 직접 글을 쓰는 것이 아니라 터치하는 것이기 때문이다. 처음에 20세트를 하게 되면 보통 아이들이 30~40분 정도가 걸리는데, 그것은 문제의 수가 워낙 많고 처음 보는 문제가 많기 때문이다. 그러나 일주일 정도면 보통 10~20분 정도에 들어오고 점차 10분에 가깝게 된다. 아이의 적응능력에 아마 깜짝 놀랄 것이다.

셋째, 문제를 풀면서 맞고 틀림이 곧바로 아이에게 피드백이 된다. 연산학습지는 다 풀고 나서 선생님이나 엄마의 채점 과정을 거쳐야 하는데, 피드백이 없거나 늦어져 아무렇게나 쓰는 부작용이 있다. 며칠이 지난 뒤 아이에게 '왜 이렇게 풀었니?'를 물었더니 아이는 기억하지도 못하는 것을 볼 수 있었다.

넷째, 그날 해야 할 연산이 끝나고 결과를 눌러 보면 평가를 볼 수 있다. 다시 연습해야 할 것인지 아닌지가 분명하다. '조안호연산' 프로그램의 장점을 단 하나만 꼽으라면 단연 '빠르기' 연습 효과다. 또한 자신이 어느 정도의 수준이고 앞으로 얼마나 공부하면 잘 될 것인지 스스로 자체평가를 할 수 있는 메타인지를 길러가는 것이다.

다섯째, 초등수학의 자연수와 분수의 사칙연산뿐만 아니라 중학교 수학의 이차방정식과 함수까지 열심히 하면 3년 정도에 끝내게 된다. 빠르기뿐만 아니라 필자의 25년 노하우를 담아 다양하지만 고등학교에서 사용되는 연산만 담았다. 연산에서의 자신감과 사교육비의 절감 혜택까지 가져온다.

여섯째, 레벨업과 포인트를 통하여 학습동기를 자극한다. 흥미와 재미를 유발시켜 학습을 지속하게 한다. 평민, 중인, 양반, 사또, 절도사, 관찰사, 포도대장, 암행어사 등 13개의 레벨로 구성되어 있어 성취 욕구를 자극한다. 또한 포인트 제도를 운영하고 있다. 하루에 해야할 분량 중 5세트를 하면 50포인트, 그날의 학습과제를 모두 수행하면다시 50포인트를 부여한다. 이런 식으로 포인트를 부여하면 열심히 하는 학생이 한 달에 최대 3700포인트(원)을 받게 된다. 여러 사람들에게물어보니 초등학생에게 3000원 정도면 과하지 않은 금액이고, 그 정도금액이면 죽기 살기로 한다는 말을 듣고 시행키로 하였다.

사례를 보자. 강○○⁽중1⁾ 학생은 '조안호연산' 프로그램을 시작한지 12개월 되었고, 데이터 상으로 약 6,000세트를 진행했다. 한 세트가20문제 정도니 문제로는 12만 개의 문제를 푼 것이고, 2,000문제로 구성된 문제집으로 환산하면 60권을 푼 것이다. 이 아이는 1년 동안의 학습기간 중 빠진 날이 전체 다 합쳐서 10일도 안되니 정말 성실한 친구다. 어마어마한 양을 풀었지만, 걸린 시간은 하루 평균 10~12분 사이였다. 12개월이 채 안 되었는데 문제집 60권 분량을 소화했으니, 한 달로 보면 평균 5권 정도를 푼 것과 같다. 현재 중1의 여름방학 정도이고 〈조안호연산〉의 진도는 중3의 무리수의 곱셈공식까지이니 앞으로 6개월 정도만 이 속도로 했을 때, 인수분해는 물론 이차방정식과 이차함수까지 모두 끝낼 수 있게 된다. 중학교를 앞둔 6학년이라서 중간 생략한 과정이 있었지만, 그렇다하더라도 오프라인으로는 비교할 수도 없는 압도적인 분량과 빠른 진도를 보였다. 하루 10분 정도를 투자하였을 뿐이지만, 엄청난 분량을 하였으니 연산을 잘하는 것이 당연하지 않은가?

② 연산이 된다면 연산을 무시하라!

암산력 연습도 빼놓을 수 없는 중요한 특징이다. 안 되는 아이는 어쩔 수 없지만 '조안호연산'은 기본적으로 연습장을 사용하지 않고 모두 암산으로 풀게 한다. 초등 분수에서 가장 짜증나는 연산이 이분모 덧·뺄셈이다. 보통은 과정을 하나하나 쓰기 때문에 시간이 많이 걸리는데, 프로그램에 익숙해진 아이들은 복잡한 이분모 덧·뺄셈 연산도 암산으로 푼다. 암산에 익숙해지면 연습장에 적는 것이 더 귀찮고 오래 걸린다는 것을 알기에 조금씩 암산과 친해진다. 물론 앞 단계에서 충분히 암산 연습이 되었고 적응한 상태라 가능한 것이다.

초등 3학년인 한 아이는 '조안호연산'을 하기 전에는 어려워하지는 않았지만 연산을 많이 틀려서 싫었다고 한다. 2개월 훈련 후에는 15세트의 문제를 7~8분 정도에 다 풀고, 좀 더 어려운 문제를 고민한다고 하였다. 필자가 지금과 달리 초창기에는 연산체험을 시키기 전에 학부모들과 일일이 상담을 하였는데, 그때 한 말이다.

"제가 연산을 강조한 것은 연산을 사람들이 너무 안 해서 하라고 강조한 것입니다. 연산이 잘 된다면 강조할 이유가 없습니다. 수학은 사고력을 기르려는 학문이 분명하며, 생각하는 것만이 수학입니다. 연산은 조안호연산에 맡기시고 엄마는 아이에게 개념을 가르치고 어려운 한두 문제를 풀면서 여유롭게 공부시키세요. 많은 문제가 오히려 생각하지 않게 되는 원인이 될 수 있습니다."

'조안호연산'에는 특히 많은 초등학교 선생님들의 자녀들이 공부한다. 프로그램을 통해 자녀가 변하는 것을 보고는 한 초등선생님이 '전국 초등학교에 보급하면 안 되겠냐?'고 물으셨다. 고마운 말씀이지만 학교의 교과과정과 달라서 교육부나 교육청이 받아들일지 모르겠다.

③ 중등에서 '조안호연산'

지난 1년간 〈조안호연산〉을 중학생들에게 체험시켜 보았을 때, 절반에 가까운 학생들이 체험도 제대로 하지 않고 그만두는 것을 보았다. 그나마 며칠 동안의 데이터를 보았을 때, 연산이 턱없이 부족하여 그대로 두면 앞으로 수학을 포기할 실력인 것이 보였지만 달리 어떻게 할 도리가 없었다. 참으로 안타까운 일이었다. 부모님은 설득이 되지만 중학생 정도 되면 부모님이 학생을 설득하기가 어렵다. 초등학생은 2+3을 오늘도 풀고 내일도 풀면서 연습이라고 생각하지만, 중학생들은 초등학생과 달리 연습이라는 개념이 아니라 문제를 바라보는 눈이 맞았거나 틀린 것 즉 쉽냐 어렵냐로 판단한다. 그래서 이 쉬운 문제를 왜 풀어야 하냐며 거부하는 것이다. 초5~6학년도 마찬가지겠지만 특히 중학생이 연산이 부족하면 오프라인으로는 부족부분을 채울 수는 없으며, 이런 아이들이 주로 중3에서 포기한다. 중1~2학년이라면 잘 설득하여 1년만이라도 시키기 바란다.

필자는 중학교의 일차, 이차방정식을 연산에 불과하다고 생각한다. 초등에서 〈조안호연산〉으로 연산을 끝냈다면, 중학교의 인수분해나 이차방정식이 사실 분수 연산보다 쉽게 느껴질 정도로 수월하다. 중학교의 인수분해가 빠르다면 고등학교의 수학이 느려서 걱정하는 일은 없다.

④ 생각과 개념 학습의 디딤돌

숫자는 얼마든지 바꿔 문제를 낼 수 있으니 흔히들 수학에서는 특정한 수 자체가 중요한 것은 아니라는 식으로 생각한다. 그러나 찬찬히 들여다보면 중·고등학교에서 큰 수를 사용하는 경우는 많지 않으며 빈번하게 문제에 사용되는 것은 100 이하의 숫자까지이다. 무려 10년 넘게 배운다는 것을 고려하면, 이 100개 정도의 숫자 각각에 대한 특징을 알아두는 것이 당연히 유리하다. 예를 들어 16이라는 숫자가 약수인 2, 4, 8의 배수라는 것이 한두 번 쓰이는 것일까? 또 16과 비교해서 15를 2^4-1로 보는 것이 기발한 것일까? 궁극적으로는 수감각을 기르려는 것이지만 이렇듯 수분해, 약수, 배수, 공약수, 공배수 등의 많은 연산 속에서 겹치는 개별 수에 대한 생각이 필요하다. 설사 좀 부족하더라도 일단 자신감이 생기면 이와 관련된 생각하는 문제를 접했을 때 훨씬 수월하게 접근할 수 있다.

중학교의 방정식과 함수라는 대수 파트처럼 수체계를 세워가면서 수감각을 요구하는 단원이 매년 한두 단원씩 나오고 있다. 당장 수감각을 연습한 초등생이 중등 과정에 진입할 경우 중1 첫 두 단원인 소인수분해, 공배수와 공약수가 친숙하고 수월하게 느껴질 수밖에 없다. 중2의 순환소수, 중3의 무리수와 실수 단원처럼 직접적으로 사용하는 단원도 계속 나온다. 중1의 소인수분해, 공배수와 공약수에 루트($\sqrt{}$)라는 것만 추가하면 중3의 관련 단원 문제는 거의 같다. 결국 한 번 제대로 못 잡아서 매년 어렵다는 말이 된다.

초등부터 개념을 잡아오면 좋겠지만, 늦어도 중학교에서는 반드시 잡아야 한다. 연산은 크게 신경 쓰지 말고 개념에 신경 쓰라고들 말하지만, 연산이 안 되어 계산이 자꾸 틀리는데 어떻게 연산을 무시하고 개념에 집중할 수 있을까? 중학교 개념을 잡으려 해도 일단 연산을 잡아가면서 해야 한다. 중학교 중위권 학생들의 경우 분수, 정수, 방정식, 인수분해에 상당한 약점을 가지고 있다는 공통점이 있다. 필자가 연산에 불과하다고 한 중학교의 정수, 방정식, 인수분해 삼총사를 같이 병행하면서 개념을 공부한다면 연산의 부담이 줄어 집중할 수 있게 되고, 다시 개념으로 이해한 것을 연산의 도움으로 금방 풀게 되는 상승작용을 갖는다. 연산의 벽을 넘어서면서 개념을 잡고 집요함을 키워가야 비로소 상위권을 향해 갈 수 있을 것이다.

⑤ 자신감과 주위 반응

'조안호연산' 프로그램을 외주를 통해서 만들었는데, 첫 발주처로부터 관리를 원활하게 받지 못했고 새로운 관리업체선정과 앱 고도화 작업까지 결국 8개월 이상 소비자들에게 좋은 서비스를 제공하지 못해서 발을 동동 굴러야만 했다. 서비스가 제대로 안됐음에도 불구하고 거의 대부분의 학부모님들이 기다려주고 이해해주셔서 지면을 빌어 감사의 말씀을 전한다. 많은 엄마들이 '다소 시정되어져야 할 부분이 있지만 그래도 아이들이 빨라지는 것이 눈에 보인다.'라며 위로해 주셨다. 수학에서 아이들이 자신감을 갖기란 생각처럼 쉽지 않다. 하지만 연산의 능력은 다른 능력에 비해 성취도가 빠르고 또 일단 능력이 갖춰지면 금세 자신감을 갖게 된다. 대개 초등학생들은 연산이 잘 되면 학교 시험에서 두각을 나타내게 된다. 대부분 아이들이 전과 다르게 학교 단원평가에서 좋은 성적을 거두었고, 자신감도 생겼다고 한다. 처음에는 '조안호연산'을 믿지 못하고 수학학습지를 병행하는 사람도 있었지만, 대부분 얼마 지나지 않아 효과를 알게 된다.

모르는 사람들은 '조안호연산' 프로그램을 초등학생들만 할 것처럼 보이지만, 정말 다양한 사람들이 이 프로그램을 사용한다. 수학을 다시 공부해보고 싶다는 40대 엄마, 치매를 방지하고자하는 할머니, 20대 장애인 청소년 등도 하고 있다. 해외로는 말레이시아 등의 동남아에서 미국 등의 북아메리카와 멕시코 등의 남미에 이르기까지 한국인 엄마들의 교육열은 가히 높다 할 것이다.

수학성공의 길을 선택하라

지난 25년간 연산과의 전쟁은 아이들의 생각을 바꾸는 것이 아니라 학부모, 나아가 사회적 편견과의 싸움이었다. 전문가들은 매체에 나와서 그냥 사고력이 중요하다고 하면 될 것을 꼭 '연산이 아니라'는 말을 덧붙인다. 묻고 싶다.

"연산을 무시하고 사고력을 강조하니 아이들의 사고력이 커졌나요? 사고력이 커지니 연산과 개념이 저절로 잡히더이까?"

수학은 당연히 사고력이 중요하다. 그러나 연산과 개념이 없는 사고력이 존재하나 싶다. 수학의 가장 큰 특징인 계통성에 비춰볼 때도 연산과 개념이라는 밑바탕 없이 사고력이 생기진 않는다. 물론 연산과 개념이 되어 있지 않아도 사고력이 자랄 수도 있다. 그러나 이때의 사고력은 꼭 수학이 아니라 어떤 과목에서도 요구되는 그런 '생각하는 힘'으로서의 사고력이고 집중력이지 수학적 사고력이 아니라서 수학은 아니다.

학부모들 역시 전문가들처럼 연산을 우습게 여긴다. 분명 고등학생 시절이 있었고, 그 당시 제 시간 내에 문제를 풀지 못하거나 수학을 포기한 경험이 있을 터다. 그때는 이유를 몰랐겠지만 시간이 부족한 것은 대부분 연산 때문이었고, 높은 점수를 받지 못한 것은 개념 때문이었으며, 지금도 최상위권으로 도약하려면 심화 개념을 해야 하는 것은 똑같다. 공부를 봐주는 초등 저학년에서 부모가 풀 수 없는 연산 문제가 거의 없으니 연산을 무시하다가, 점차 아이가 수학을 어려워하면 연산과는 상관없이 뭔가 어려운 사고력 때문일 거라고 추측한다.

똑똑한 자녀를 둔 부모일수록 아이가 연산이 되니 연산을 무시하려는 경향이 짙다. 어렸을 때에 연산이 많이 부족하면 빨리 잡을 수 있는 기회라도 있는데, 웬만큼 하니 문제라고 인식하지 않다가 나중에 돌이키기 어려운 시점에서야 알게 되니 문제다. 물론 연산이 잘되는 아이라면 연산을 강조할 필요는 없다. 똑똑한 아이가 필자가 요구하는 수준의 연산까지 된다면 아무 문제 없지만, 그렇지 않다면 그 쉬운 연산 때문에 똑똑한 아이가 힘들게 될 것이라는 것을 기억해야 한다.

몇 년 전쯤 독자 한 분이 딸과 함께 필자가 있는 대전으로 와서 상담을 했었다. 독자의 딸은 중1로 강남의 학원에서 고등수학을 빡세게 하고 있는데, 너무너무 힘들고 스트레스를 받아 머리카락이 한 움큼씩 빠진다고 했다. 학원을 중단하면 다 잊어버려서 지금까지 한 것이 무용지물이 될 것 같아 필자에게 테스트를 받고 앞으로 어떻게 할 것인지 여부를 판단하고 싶어 했다. 말수는 적었지만 야무지고 똑똑한 아이였다. 테스트 결과 자연수 암산력과 빠르기는 되어 있었으나 분수의 연산이 많이 부족했다. 중학교의 일차방정식은 잘하였으나 역시 중3의 인수분해는 느렸다. 수학(상)은 앞부분에서 몇 개의 개념을 물어봤는데 거의 대답하지 못했다.

엄마의 말에 의하면 초등 4학년부터 시작했어야 했는데 일 년 늦게 5학년부터 본격적으로 시작하여 초등과정을 6개월, 중학과정을 1년 6개월 정도 걸려서 끝내고 6학년 겨울 방학 때쯤 고등과정에 진입했다고 한다. 열렬한 독자라면서 필자가 그렇게 강조한 분수 연습을 속성으로 끝낸 것이 여러 가지 이유 중 가장 큰 화근이었다. 일반적으로는 이 정도의 분수 실력이라면 인수분해에서 제동이 걸렸어야 했는데, 아이가 똑똑해서 수감각으로 뛰어넘은 경우다.

간혹 이 아이처럼 머리가 좋으면 계통을 뛰어넘는 일도 있지만, 부족 부분이 끝내 발목을 잡게 된다. 상황을 말씀드렸더니 더 어려운 것도 맞추는 똑똑한 아이가 설마 별것도 아닌 분수 때문에 문제가 되리라고는 꿈에도 생각하지 못했다는 말이 돌아왔다. 그렇지 않아도 아이가 힘들어 하고 있었으니 좀 쉬면서 분수 연습을 하고, 그 기간에 차라리 영어를 하기로 했다. 한 1년 천천히 분수 연습을 하라 했는데 하는 폼을 잘 지킬지는 모르겠다. 수학은 먼저 이해해야 하는 것이 맞지만, 이해가 능사는 아니다. 이해된다고 하더라도 몸에 체화되어야 하는 곳에서 진도를 막 빼면 안 된다. 공부가 다 그렇지만 잘 되려면 모든 조건을 갖추어야 하며, 여러 개 중 하나만 부족해도 안 된다.

안될 때는 안 되는 이유가 반드시 있다

수학이 잘 되려면 장기적으로 보고 천천히 연산과 개념을 잡으면서 집요함을 키워 가면 된다. 이것이 수학을 잘하는 유일한 방법이다. 어렵겠지만, 이것을 실행하기 위한 지침을 다시 정리하며 에필로그를 대신한다.

첫째, 수학은 '개념을 가지고 문제를 푸는 것'이라는 생각을 명확히 하라.

모든 수학자나 수학교육자가 개념이 중요하다고 하는데, 개념으로 어떻게 해야 한다고 말하지 않는다. 개념으로 문제를 푸는 것이며 많은 문제들을 풀린다고 개념이 잡히거나 응용이 되지 않는다는 것을 명확히 해야 한다. 그리고 많은 사람들이 오해하는데 수학교과서에는 개념이 하나도 없다. 어느 수학전문가란 사람이 수학교과서에서 개념이란 '00은 00라 약속한다'라고 하는 것을 보았다. 교과서에 개념이 있다고 생각하니 억지로라도 만들어 내면서 생긴 에피소드다. 수학책은 정의는 몰라도 개념을 넣을 수는 없다. 현재 상태에서 개념을 배우려면 비록 부실하지만 필자의 책밖에는 없다.

둘째, 연산이든 개념이든 이해가 먼저지만 체화되도록 연습해야 한다.

연산을 아이가 이겨내기 어려울 정도로 시키거나, 연산이 필요 없다거나, 큰 수의 연산을 시키거나 강요하면 교과서든 박사든 권위를 인정하지 않는 것이 좋겠다. 연산은 고등수학 때 필요로 하는 것만을 대상으로 작은 수 10개의 암산을 요구한다. 필자는 기계적인 것이 거북한 아날로그 세대지만, 컴퓨터 게임에 익숙한 요즘 세대에서는 게임처럼 연산을 시키는 것이 더 적합하다는 생각이다. 어찌 되었든 연산에 필요한 빠르기를 최대한 기간을 단축하여 얻고, 남은 시간에 개념을 더 튼튼히 공부하면 된다. 연산은 완벽하게 개념은 언제라도 꺼내 쓸 수 있어야 한다. 그것이 안 된다면 내 것이 아니다.

셋째, 어려운 문제를 꼭 풀어야 하지만 이것이 곧 수학은 아니다.

수학은 연역적인 학문이다. 유형이나 기술로 푸는 것은 사고력이 아니며 문제해결력은 더더욱 아니다. 아이러니하게도 아이가 생각하기를 바라면서 기술로 문제만 잔뜩 풀어서 수포자를 만드는 것이다. 수포자의 가장 큰 특징은 생각하지 않는 사람이다. 정확하게 말하면 생각하지 못하도록 길러진 것이다. 그렇다고 무조건 어려운 문제를 고민하는 것도 수학의 실력이 자라는 것이 아니다. 수학은 문제를 고민하면서 개념을 가져다 쓸 때만 그 실력이 자란다는 것을 명심하자.

초·중학교 연산 로드맵!

구분	연산 연습 대상	주안점	연산 연습 방법과 목표
초1	1 수 세기 2 덧셈과 뺄셈 (가로셈)	1 기수와 서수 2 암산력	1 양과 순서 구분하기 2 수를 세려면 반드시 1,2,3,…부터 세어서 마지막 수가 전체의 개수이다. 3 덧·뺄셈 빠르기 연습(20문제/40초 이내) 20까지의 수와 한 자릿수의 덧셈, 20까지의 수와 20까지의 수의 뺄셈을 섞어 연습
초2	덧셈과 뺄셈 (세로셈)	1 필산하는 방법 (십진기수법의 이해) 2 구구단	1 1부터 출발하지 않는 자연수의 개수 구하기 2 자릿수, 자릿값, 자리가 나타내는 수 구분하기 3 거꾸로 구구단 외우기(36초 이내)
초3	곱셈과 나눗셈	1 배수의 개수 세기 2 ×, ÷의 의미 3 빠르기 4 수감각	1 배수들의 개수를 1,2,3,…이 되도록 만들어서 개수 세기를 하는 방법 알기 2 몽창 연습 거꾸로 구구단이 36초 이내에 들어가면 시작해 나눗셈이 끝날 때까지 계속 병행하기 3 곱셈의 빠르기 연습(20문제/1분 20초 이내) 올림수가 있는 두 자릿수와 한 자릿수의 곱셈 4 나눗셈의 빠르기 연습(20문제/1분 30초 이내) 두 자릿수와 한 자릿수, 세 자릿수와 한 자릿수의 나눗셈을 섞어 연습 5 3개까지의 암산 연습하기

다음에 나오는 연산 로드맵은 초등학교부터 중학교까지 각 학년별로 아이가 익혀야 할 연산 과정을 한눈에 볼 수 있도록 정리한 것입니다. 잘 배우면 수능 1등급까지 거뜬히 책임져 줄 것입니다.

구분	연산 연습 대상	주안점	연산 연습 방법과 목표
초4	1 소인수분해 2 혼합계산순서 3 분수의 뜻 4 동분모 분수 　연산	1 소수 2 곱과 합의 구분 3 배수와 약수 4 분수의 위대한 성질 　(이분모 분수 준비)	1 60 전까지의 소수 외우기 2 20까지의 제곱수 외우기 3 0과 1의 거듭제곱을 이해하고, 2^{10}까지 외우기 4 암산으로 소인수분해 연습하기 5 100 전의 수까지의 배수 연습하기 6 공배수와 공약수 연습하기 7 동분모 분수 연산 연습하기
초5	분수의 연산	1 약분 2 혼동 없는 분수의 　사칙연산	1 분수의 덧셈·뺄셈 연습하기 2 7개의 분수를 소수로, 소수를 다시 분수로 바꾸기 　$\dfrac{1}{2}, \dfrac{1}{4}, \dfrac{1}{8}, \dfrac{3}{4}, \dfrac{3}{8}, \dfrac{5}{8}, \dfrac{7}{8}$ 3 분수의 곱셈·나눗셈 연습하기 4 분수의 사칙계산을 섞어 연습하기 　직관적인 최대공약수와 최소공배수 얻기와 　5개까지의 암산이 목표
초6	1 비와 비율 2 비례식 3 비례배분 4 경우의 수	분수의 의미로부터의 확장	1 비를 분수로 바꾸고 다시 　'분수의 위대한 성질'에 따라 비례식으로 바꾸기 2 방정식을 통해 등식의 성질 연습하기 3 비례식은 '비례식의 성질'이 아닌 　'등식의 성질'로 이해하기 4 비례배분을 분수의 비로 이해하기 5 경우의 수를 수형도를 통해 곱의 법칙으로 이해하기

구분	연산 연습 대상	주안점	연산 연습 방법과 목표
중1	1 수 세기와 수감각 2 유리수의 사칙계산 3 일차방정식 4 함숫값	1 항 2 등식의 성질 3 함수의 정의	1 초등에서 연습한 소인수분해, 짝수와 홀수, 약수와 배수, 배수 판별법 등을 문제에 적용하는 훈련 2 항 부호 챙기기 연습 3 합과 곱 구분하기 연습 4 일차방정식 암산 연습 5 함수의 대응 연습 6 함숫값 연습 시작, 3학년까지 병행
중2	1 수 세기에 미지수 포함시키기 2 연립방정식 3 교집합	1 식과 미지수와의 관계 2 기울기 이해하기 3 직선의 결정 조건 4 미결정 직선의 이해	1 미지수에서의 순서와 양의 의미 이해하기 2 식의 개수와 미지수의 개수 파악 연습 3 연립방정식을 통해 5~6개까지 암산하기 4 기울기를 분수로 인식하는 연습하기 5 일차함수와 직선의 결정조건 사이의 관계를 생각하는 훈련 6 미결정 직선은 움직이는 직선이다 7 닮음의 기본형 세팅시키기
중3	1 실수체계 완성 2 인수분해 3 완전제곱꼴 만들기	1 인수분해의 빠르기 2 0의 성질 3 근과 계수와의 관계 4 함숫값 5 직각삼각형의 이해	1 1학년에서 익힌 수감각을 제곱근에 사용하기 2 인수분해의 빠르기 연습, 고등수준까지 진행 3 평행이동과 대칭이동을 식만 보고 파악하기 4 피타고라스 암산 연습하기